じぶん研究所
SとMの法則

Himemaru ひめまる

文芸社

# Q カレーライスの最後の一口。あなたはどうなる？

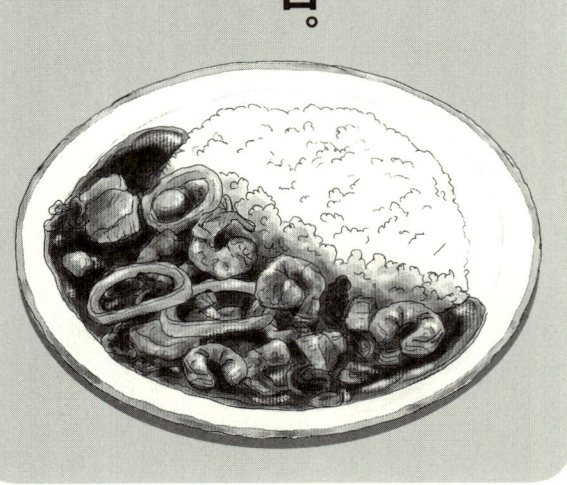

Part.1
Part.2
Part.3

003

| ルーかごはん、
どちらか偏って残る人は

迷わず診断！　Part.1を読まなくても
ニュアンスでわかるからきっと大丈夫　　P.039へ

| 最後のひと口を
絶妙な割合で食べる人は

法則を理解してから
診断してみましょう　　P.011へ

※混ぜて食べるからどっちでもない、なんて人はきっとS度が高いから、診断からどうぞ

# prologue | はじめに

どーも。ひめまるです。

ＳとＭでカテゴライズする自分分析法を
編み出して以来、
ずっとしつこくそれを練り続けてさらに複雑化。
ただの２つのＳとＭが
４つにわかれ、８つにわかれ、
もっといっぱいになっちゃうなーと思いながら、
結局は人の数だけ人の種類があるわけで。

今回は自分がどんな割合でＳとＭを持っているか
座標で見ていけるようにしてみました。
「え、驚愕！　あたしってば意外と協調性のＭ？」
とか
「あー、やっぱ思い込み激しいＳってことか……」
とか。
ここはひとつ自分を再確認。
自分のＳ度Ｍ度で楽しんじゃってください。

## contents

**はじめに** 005

 ロジックを知りたい人は こちらから…

### part.1 | S と M の 法 則

*lesson.01* | **ひめまる公式とは？** 011

*lesson.02* | **あなたのことが気になるの**
　　　　　　**判断材料はこの３つ** 016

*lesson.03* | **価値観** ▶ 大福入り味噌汁があるらしい 020

*lesson.04* | **行　動** ▶ 親分と子分？ 025

*lesson.05* | **セクシャル** ▶ スカートめくりにルーツ？ 029

*lesson.06* | **誰もが持つ二面性 ツンデレもSとM** 032

## contents

診断したくて
ウズウズしている人は
こちらから…

### part.2 じぶん成分の分析

| | | |
|---|---|---|
| lesson.01 | あなたのタイプを調べてみよう | 039 |
| | question A …… 040　question B …… 041 | |
| | question C …… 042　question D …… 043 | |
| | question E …… 044　question F …… 045 | |
| lesson.02 | 結果診断 じぶん成分表 | 046 |
| lesson.03 | 8タイプの判別方法 | 048 |
| | ● type.01　テラどS | 050 |
| | ● type.02　3歩下がるS | 053 |
| | ● type.03　弱いヤツに強いM | 056 |
| | ● type.04　見返りを求めるM | 059 |
| | ● type.05　オレルールなS | 062 |
| | ● type.06　甘えんぼS | 065 |
| | ● type.07　尽くし疲れたM | 068 |
| | ● type.08　テラどM | 071 |
| lesson.04 | 質問からわかること | 074 |
| lesson.05 | MはむっつりのM? 振りきれてる人たち | 080 |
| lesson.06 | わかってたけど 十人十色 | 086 |

# contents

## part.3 | 3D診断

| | | |
|---|---|---|
| lesson.01 | 楽しい座標 3D診断 | 089 |
| lesson.02 | 結果診断 じぶん成分座標 | 094 |
| lesson.03 | 性　格 ▶ 長いものに巻かれるあのタイプ | 096 |
| lesson.04 | コミュニケーション ▶ サービスのS 満足のM | 098 |
| lesson.05 | 人へのスタンス ▶ できる秘書はきっとM | 100 |
| lesson.06 | 3D診断でわかること 面積＋偏り≒魅力 | 102 |
| | ● 座標Aの特徴 ▶ 自分ひとりでキラキラ | 104 |
| | ● 座標Bの特徴 ▶ コミュニケーションが最大の武器 | 106 |
| | ● 座標Cの特徴 ▶ 長〜く愛して、スルメ女子 | 108 |
| lesson.07 | 相性は磁石と一緒 S極M極 | 110 |

**おわりに**　114

**おまけ** ▶ 誰かを診断 書き込み表　117

Part.1

# SとMの法則

Part.1

# lesson 01 | ひめまる公式とは？

**「ひめまる公式」とは**
**SとMで見ていく性格診断法です。**
よくいう、叩くほうがSとか
叩かれるほうがMとかのSMを元に
「攻め」と「受け」で性格を分析してみました。

SとMを元に分析し始めたのは、
あたしが高級下着メーカーで
サロンスタッフとして働いていた頃です。
30万もするオーダーの下着セットを売るという
驚愕の仕事。

しかもその下着ったら
腕やらお腹やらにあるお肉を胸とかお尻に移動して、
腹肉に「あ、オレ胸の肉だったんだ〜」と
覚え込ませるという
「ほんとかよ」と突っ込みたくなるようなもの。

そもそも

ボディラインにそこまでお金かけるかって
人によるし。だって30万だし。

あたしは今も昔も基本ビビリなので、
コミュニケーションは相手の様子をうかがってから。
「えー？　30万？」ってなってる人には
勧められずに、もじもじするスタッフでした。

しかし、そこのサロンメンバーは、
がっつがつ売っていく。
大きい鏡の前でパンツ一丁になったお客さんに、
「胸はこの位置にあるのが正しいんです」みたいな。
「もう少しウエスト減らしたいですよね」みたいな。
あたしからすれば「ええ？　そこ突っ込むの？」っ
てあたりをガンガン突っ込んで危機感を与え、
30万の下着が飛ぶように売れていきました。

女子の思い込みってすごい……。
「胸はこんなところにあっちゃダメだ！」と
思い込んでる人から説明を受けると、
お客さんも「ほんとだ！　あたしの胸、ダメだ！」
と思っちゃうっていう。

つまり、売り手本人が思ってる「当然」を
お客に伝染させる力。
「これさえあれば、あたしもぼいんに！」
みたいに思わせることができちゃう。
それがＳの持つ魅力です。
あたしは、衝撃を受けたと同時に
「ダメだ。向かない、向かない」と思い、
あっさり撤退したんですけどね。

そんなこんなで気づいた、「攻める人種」の生態。
と同時に、
「受ける人種」にカテゴライズされるだろう
あたしの生態も見えてきました。
「あたしってばこうだな」とか知るのって、
結構おもしろいかもと思い
「ＳとＭの法則」を考え出したしだいです。

ひめまる公式は、
「価値観」「行動」「セクシャル」の３つから
ＳとＭを見ていきます。

その３つを、「Ｘ軸」「Ｙ軸」「Ｚ軸」の
３次元（３Ｄ）の座標にし、

性格やコミュニケーションの方向などを
割り出します。

数学で教わった時、
将来、絶対使わないと思っていた座標軸の発想が
役に立ちました。

大まかには8タイプにわかれ、
自分の属する性格のタイプや相性のよい相手、
当たらず障らずの距離がいいタイプなど、
コミュニケーションのとり方も見えてきます。
すごいでしょ？

なんでも陰と陽。
凹と凸。

上手にコミュニケーションをとることによって、
今まで以上に自身の魅力が発揮されたり、
相手の魅力を再確認できたりするかもしれません。

そういえば下着サロンでも思ったのですが、
営業ってSっぽい性格のほうが合っているからか
サロンはSの坩堝(るつぼ)。

そこに 1 人でも**M**を置いておくと
職場の人間関係が円滑にいくんだなと思いました。

ただ、その**M**はぜんぜん売り上げませんけどね。
そしてそれ、あたしのことですけどね。

# lesson 02 あなたのことが気になるの判断材料はこの３つ

前述したとおり、
ひめまる公式の性格判断をする材料は、
**「価値観」のＳとＭ。**
**「行動」のＳとＭ。**
**「セクシャル」のＳとＭです。**

血液型占いとか星座占いみたいな
先天的な要素じゃなく、
こういう行動をとるとか、こういう考え方だとか
生活の中から「癖」を見つけて
性格の方向を割り出していきます。
かっこよく言えば行動心理という感じでしょうか。

あたしなりに編み出してみたんですが、
行動は考え方（価値観）から
生まれると思うんですよね。
Ｓっぽい行動をとる人は
そういう理由があるはずだし、
Ｍっぽい行動をとる人にも

考え方に癖があるんじゃないかと。

日常でも、買ったものをすぐに開けるタイプは
「もう待てない、待てない！」と
楽しみの気持ちが先走って
買ったそばから即行開封、みたいな。
かたや、
楽しみにしすぎてニヤニヤしつつも
家に帰って落ち着くまで開けないタイプもいます。
むっつり。あたしもそっち派です。

どっちの行動も「楽しみ」な気持ちに
変わりはないのに、
価値観の違いで行動が変わってきちゃってる。

コンビニで外国の人がレジを通す前のジュースを飲んでいたことがありました。
ルールより願望優先。
自由すぎるけど、これも価値観の違い。
こんな感じで
**「行動」の「癖」には**
**「価値観」からくる「癖」が影響してたりします。**

そして価値観は、
かかわり合いが一番近い人とのスタンスに
影響されます。
家族からだったり恋人からだったり。

「ええ？　刺身に酢？」とか
自分の常識を打ち破る行動を恋人がとった時、
「即却下」っていうタイプは
「醤油が普通にうまいって」と思ってるから
相手にもそれをわからせたいわけで。
ひどい押し付け。
かたや、
「ほほう」って受け入れる人は
「あなた色に染まります」っていうタイプ。
近い、近い。

どっちも相手に対して
近すぎってことに違いはないんですが、
恋人へのスタンスの違いで
価値観の方向が違ってきてるっていう。

こんな感じで
「価値観」の「癖」には

「身近な人へのスタンス」からくる「癖」が
影響してたりします。

なので、
「価値観」「行動」「セクシャル」の３点を
ＳとＭで見ていく方法を考えてみました。

# lesson 03 | 価値観
▶ 大福入り味噌汁があるらしい

あたしがこの診断で一番おもしろいと思ってるのが
「価値観」のSとM。

「雨だから今日は会うのやめよう」とか
天気で約束を延期する友人がいるんですが、
「きた！　どS‼」とか思います。

「ティッシュはやっぱ『鼻セ○ブ』」とか
細かいこだわりを人が言うたびに
「でた！　どS！」とか突っ込みます。

これ、価値を測るものさしが、
社会にあるか（外意識）個人にあるか（内意識）で
見ています。
そこに着眼していくとおもしろい。

たとえば「大福入り味噌汁」って聞いた時、
「ひぇっ！」って思うか
「え、どんな味？」って思うかみたいな観点。

たとえば「銀座ですっぴん女子」を見た時、
「うわーないわ！」って思うか
「あぁナチュラル派？」って思うか
みたいなあたり。

**物事に対して**
**「正解・不正解」って発想なのはＳで**
**「ほほう、なんで？」って発想なのはＭ**
**というのが価値観のＳとＭです。**

「大福入り味噌汁、ひぇ〜！　ないわ〜」がＳ。
「大福入り味噌汁、どのあたりが魅力？」がＭ。

Ｓが正解にこだわっていくのに対して
Ｍは許容＆理解。

別に銀座ですっぴんだろうが、
年齢さておき割り勘だろうが、
飼い犬にかまれようが、
どっちだっていいっちゃいいのに、
外意識で物事を考えがちな人にとっては
ぜんぜん却下。終了。
自分も他人も、社会からのものさしで測るから

正解、不正解がはっきりきっぱり。
「うわ、チェックに水玉の服って！」とか
「え、風呂場で歯磨き？」とか
当然こうだろうという意識が根底にあるため、
どんどん出てくる突っ込みの発想。
外意識の人って完全にSだなと思います。

逆に価値観Mは内意識だから
個々の価値観を理解しようとします。
銀座でジャージでも、ヘイカモン。
財布がビニール袋でも
「あ、便利だね」。
「図太い声の男」とか言われても
わかるからいいやと、スルーしたり。
「いや、野太いだろ？」と思うところですが、
そこは本質重視の内意識にはどっちでもいいので
ぼんやり。
突っ込めない生ぬるい存在です。
いや、本人的には「図太いと野太いの『図』と『野』のルーツについて」考えてたりするんですけどね。

ナンバーワンっていう発想の価値観Sと

オンリーワン的な発想の価値観M。
これで人を見わけていくと、
そもそもの発想が違うから
ムカつかずに人と接することができて、
おもしろいんです。

価値観Sは
社会からの見られ方を意識するから、
おしゃれさんが多かったり
肩書きLOVEな人が多いです。
こだわりが強くて、
しかもそれを当然と思ってるから
そのこだわりが毛穴からもれる、もれる。

価値観Mは、
個々の価値観を理解しようとするから
「突っ込めよ」ってところも突っ込みません。
周りが何かボケても
「あ、そうなのかな？」的な感じです。
理屈っぽい人が多く、根本から物事を考えるので
ロマンチストっぽいかも。
常に宇宙に思いをはせてる。

あの人はあの人、自分は自分って
比較しないでおおらかな考えだから
いいように聞こえるけど
向上心がないように見えたりもします。
勝敗にも執着しないし。
そんな人、同じチームには絶対いらない。

判断基準のキーワードはこちら。

| S・外意識 | M・内意識 |
|---|---|
| 華 | 実 |
| こだわりが強い | 理解力が高い |
| 見られ方重視 | あり方重視 |
| 過去を踏まえる | 未来を考える |
| 統計の発想 | 公式の発想 |
| 数値で考える | 割合で考える |
| 彫刻的 | 彫塑的 |
| シャープ | まる |
| 主役 | シナリオ |
| 職人 | 芸術家 |
| 集中 | 拡散 |

こんなキーワードを意識すると、
あの地味な理屈っぽい芸術家はMだとか、
嫌いな人を切り捨てるブランド好きの彼はSだとか
分析できて、楽しいです。

# lesson 04 | 行動
## ▶親分と子分？

親分と子分的な関係。
あんな感じがあたしの設定している
行動のSとMです。

親分が「あいつ許せねえ！」と言うと、
子分は「そうだそうだ！」と同調。

親分が歩くと
その後ろを子分もついていく、みたいな。
見た目、ドラクエのパーティーかよ
とか思いますが、まさにあれが行動のSとM。

あたしは行動Mに属します。
子分体質というかコバンザメ体質というか。

人と一緒に買い物に行って
「これ、似合うよ！」とか言われると、
「あ、そうかな」と思って
鵜呑みで購入するあたしは、やっぱり子分気味。

**普段の行動が、**
**自分主義なのはS。**
**相手主義なのはM。**
**というのが行動のSとMです。**
よく考えるとおかしいぐらいの服従関係です。

たとえばお茶を飲むにしても、
自分が飲みたいタイミングで飲む自分主義と、
相手と同じタイミングで飲む相手主義、とかね。

よく「営業ノウハウ」的なもので、
「相手の飲むタイミングでコーヒーを飲む」
などがありますが、
まさにそれを日常で普通にやっちゃってる行動M。
相手は客じゃないのに接客しちゃってるっていう。

連絡手段も、行動Sは電話なのに対して、
行動Mは断然メール。
着歴があっても折り返さないでメール。
なんとなく地味っていうか陰気方面。

レストランでメニューを決める時も、
「ちょっとお腹すいちゃったから

あたし定食にする」
と、自分の腹の具合で決める行動Sに対して、
結構お腹いっぱいでも「あたしもそうしようかな」
と、合わせる行動M。

**普段の行動が、自分の感情優先で、**
**それが表面化しやすい人が行動S。**
**自分の感情を出す前に、**
**一緒にいる相手やその場の空気を優先している人が**
**行動M。**
これを見ていくとわかります。

あと、おもしろいことに、
誕生日が、年度の早い時期の人は行動Sが多く、
早生まれ方面の時期の人は行動Mな人が多いです。
小さい頃の成長って1ヶ月ですごく変化するのに、
小学生なんかは4月生まれの子と3月生まれの子が
同じ土俵で比べられちゃってるから、
「あいこちゃんは逆上がりできるのに
僕はできない」というような感じが、
大きくなっても影響しているのではないかと
思います。

判断基準のキーワードはこちら。

| S・自分主義 | M・相手主義 |
|---|---|
| 体を使う | 頭を使う |
| 感情的 | 理性的 |
| 自己主張 | 協調性 |
| 猫　系 | 犬　系 |
| 感覚優先 | 状況優先 |
| インスピレーション | ロジカル |
| 思いつきで決断 | 消去法で決断 |
| 気が大きい | 萎　縮 |

Sのほうが体を使うのが得意で

Mのほうが頭を使うのが得意なのも、

逆上がりができなかったり、

足が遅かったりするぶん、

考えるほうで補ってくる結果なのかもしれません。

親分はケンカが強いけど

子分はずるがしこいのも仕方ない。

親分系はきっと年度の早い時期に生まれて、

子分系はきっと早生まれなんだと思います。

# lesson 05 | セクシャル
▶ スカートめくりにルーツ？

セクシャルなSとMというと
SMプレイみたいな印象なんですが、
これ、自分の身内意識具合のSとM。
恋人や家族、親友への姿勢ですね。

恋愛モードになると、とたんにありえないぐらい
普段の性格と変わる人っています。

姐御肌なあの人が、彼ができたら彼色に染まってたり、やさしいはずのあの人が、彼には異常に横柄だったり、周りとしてはその変化、かなり驚愕。

**セクシャルのSとMは**
**所有意識と従属意識を見ています。**

セクシャルSの彼女が
一緒に歩いてる彼の格好が許せなくて
「何その格好？　ありえない」って言うとか、
逆にセクシャルMの彼女が彼に「お前、その服装

何?」と言われたら
「え? 気に入らない? 着替える〜」みたいな。

何それ? 王様と家来? とか思いますが、
恋愛真っ只中の本人たちは
こんな言動で一心同体的になっていきます。

セクシャルS度がかなり激しい友人がいるんですが、
クラッとくるほどのひどさです。
彼女は恋人がハムスターのえさを間違って
食べようとしてるのに気付いても、
注意しないで見ていたそうです。
で、食べ終わったあとに、
「おいしかった?」「うん」
「それ、ハムスターのえさだよ」「えー!」
という会話を繰り広げたというのです。
動揺する彼を見るのがうれしいんだって。
ね、クラッとするでしょ?
聞いてるこっちが「えー!」です。
そしてそれについていってる彼、どMすぎるし。

恋愛って、どうも距離感がつかめなくなるぐらい
近付いちゃうんですよね。

**所有意識と従属意識とは、**
**「彼はあたしのもの」っていうタイプか**
**「あたしは彼のもの」っていうタイプか**
**ということです。**

判断基準のキーワードはこちら。

| S・所有意識 | M・従属意識 |
| --- | --- |
| 能　動 | 受　動 |
| 攻　め | 受　け |
| 所　有 | 従　属 |
| あげる | もらう |
| 上から目線 | 下から目線 |
| 優　位 | 劣　位 |
| 積　極 | 消　極 |
| 放　つ | 吸　収 |
| ギ　ブ | テイク |
| 支配する | 支配される |

**家族や恋人などの身近な相手に対して**
**所有物扱いしがちなのか、従いがちになるのか、**
**そのあたりを見ています。**

小さい頃の
男の子がスカートをめくっちゃいたくなるのと
女の子がめくられてうれしくなっちゃう関係って
きっとこの感じなんだと思います。

# lesson 06 | 誰もが持つ二面性 ツンデレもSとM

よく、「あたしMなんだー」とか聞きますが、
たいてい付き合っている彼に対しての話。
よく、「オレ、仕事はどSだよ」とかも聞きますが
それは仕事や部下に対して。

**ひめまる公式は、**
**「価値観」「行動」「セクシャル」で見ていくので**
**1人の人間の中に3種類のSとMが存在します。**

だから、価値観がSで行動もSなのに、
セクシャルがMということが、当然あります。
診断中、「あたし半端なく尽くすのに！」
と言われることがありますが、
それは恋人にだけで、
普段の行動や価値観はどSのはず。

3種類のSとMで見ると、
自分がどこでMを発揮しているのかとか、
実はこのシチュエーションではSだったなど、

状況や考え方で違ってくる自分のパターンが発見できて興味しんしんです。

でも、それだけじゃなく、
「1人の中に3種類のSとMが
どれだけの度合いで入っているか」
というあたりが、さらにおもしろいところ。

「セクシャルMだから従属意識満載で、
あたしは恋人に尽くしまくってるの」
と言っている彼女も、彼に対して
「髪の毛そろそろ切ったら？」とか言ったり、
「いつ帰ってくるの？」とか聞いたり、
彼のケータイ見てたり、
実は束縛も激しいっていうパターンとか。

従属意識満載の彼女、所有意識も混在。
セクシャルMかつ、セクシャルSみたいな。

ほかにも、
「自分は相手主義だから、相手の希望に合わせる」
と言っている彼も、
「待ち合わせに遅れるなんて何様？」とか思ったり、

「責任者を出せ！」とか言ったり、
気遣いベタな相手へのイラだちがあったり
実は結構言うよね〜っていうパターンとか。

相手主義万歳の彼、
相手主義を相手にも求める自分万歳。
行動Mもあるけど、行動Sもいっぱい。

要は1人の人が
S要素もM要素も持っていることは、
おおいにありうるという話です。

誰にも二面性としてSとMがあり、
どちらかの要素を偏って持っている場合も、
どっちもいっぱいある場合もいろいろ。
その要素は持ち駒です。

すぐに「ばかもーん！」と言うぐらい
仕事にこだわりのある価値観超どSの上司でも、
「ほほう、その案もいいな」と新しい考えも
柔軟に取り入れられる面があったとしたら、
価値観M要素も結構いっぱい持ち合わせた
できるヤツなのかもしれません。

そういえば以前、
友人がこんなことを言っていました。
「SとMのバランスが自分の中で取れている時には、
男を落とせる確率が高いんだよね」

そうなんです。
SとMの両方を上手に使いこなせていれば、
物事がうまくいきやすいんです。

それにしてもそのギラギラした感じ、
どSだな。

Part.2

## じぶん成分
## の分析

Part.2

## lesson 01 | あなたのタイプを調べてみよう

「価値観」「行動」「セクシャル」の
SとMの度合いを
それぞれどちらが強いか見ていくと、
あなたのタイプがわかります。

価値観がSで行動もS、
なのに恋人にはメロメロのMかもしれないし、
行動がMでセクシャルもMなのに、
価値観がすごいSだったりして、
脳内では常に周りに
突っ込みをしてるタイプかもしれません。

次のページから
普段の生活から導いた質問を6種類用意しました。

深く悩まず、考えず、あてはまるものに
チェックしていってください。
その答えから、本当の自分が見えてきます。

## question A

- [ ] おしゃれが好きだ
- [ ] ボーリングやカラオケ、ゲームなど点数が出るものに燃える
- [ ] 買い物が好きだ
- [ ] 「ついで」に用事をすますことが得意だ
- [ ] 人のしぐさや行動は結構気になるほうだ
- [ ] スポーツが好きなほうだ（するのでも見るのでもどっちでも）
- [ ] 「普通は」とか「一般的に」とか結構思う
- [ ] 買い物の時、賞味期限をチェックして新しいほうを取りがちだ
- [ ] 本を買う時、上から3つ目を抜き取ったりする
- [ ] 大事なことは信頼した人だけに話す
- [ ] 自分の好きなものがはっきりしている
- [ ] 稼ぎ出すことや貯金が好きだ
- [ ] 私って人見知り

チェック数　　　　　　　個

# question B

- □ なんでだろう？ とかよく思う
- □ 世の中の不思議をひもとく番組をよく見る
- □ 「きな粉は大豆でできている」などと
  原料を知るのが好きだ
- □ クセのあるものや臭い食べ物が好きだ
- □ 日常でも工夫するのが好きなほうだ
- □ 殺人事件のニュースを知って
  殺人までに至った思いを考える
- □ 音楽は歌詞で気に入ることが多い
- □ 「暖色・猫科・甘い系・タカ派」など
  種類別で考えることが多い
- □ 「腐っていないのに豆腐と書く理由」など
  ルーツから考えがちだ
- □ 人類の起源や地球のことを知るのは好きだ
- □ 映画監督の意図を読み取るのが好きだ
- □ 都市伝説が気になる
- □ 初めての店は試してみたいほうだ

| チェック数 | 個 |
|---|---|

## question C

- [ ] 自分の用事に友達を付き合わせることがある
- [ ] おもしろい番組を見つけたら友達に話す
- [ ] イライラをぶつけてしまうことがある
- [ ] 自分に起こった出来事を話すことが多い
- [ ] へこんだ時に聞きたい音楽はだいたい決まっている
- [ ] 「うまい」「寒い」「かわいい」「うざい」等好き嫌いをよく言う
- [ ] わりと気まぐれなほうだ
- [ ] お腹がすいて力が出ないことがある
- [ ] 相手が迷っていると「こうすれば?」とアドバイスする
- [ ] 旅行から帰ると旅行先の話をする
- [ ] つまらない時は明らかにテンションが下がる
- [ ] 洋服を脱いだり着たりしてまめに温度調節をする
- [ ] おしゃべりが上手だ

**チェック数** 　　　　　　　　　　　　個

question D

- [ ] 感情が表に出づらいほうだ
- [ ] 友達や店員が勧める洋服を買う
- [ ] 重い荷物でも電車やエスカレーターで
   置かずにずっと持っている
- [ ] 人と食事をする時、メニューはあとに決める
- [ ] 待ち合わせの前に自分の用事をすませる
- [ ] 何か頼まれた時、嫌とは言えない
- [ ] 満腹時でも「おいしそう」と言える
- [ ] 一緒に歩く相手に
   嫌がられない無難な格好を心がける
- [ ] 「わかる、わかる」など同調したことをよく言う
- [ ] 自分が本当に着たい服は休みの日に1人で着る
- [ ] 相手のする行動に対して
   その理由や原因を考える
- [ ] みんなでどこかへ行く時
   決まった所についていくタイプだ
- [ ] 「どれがいいと思う?」と言われると困る

チェック数　　　　　　　　　　　　個

$q\ u\ e\ s\ t\ i\ o\ n$ E

- [ ] 恋人をからかうのが好きだ
- [ ] 恋人に「お前」と言われるとムカッとする
- [ ] 恋人はどこにでも連れていける
- [ ] 恋人をかわいいなぁと思う
- [ ] 恋人とのスケジュールは自分が決めがちだ
- [ ] 自分が好きな食べ物などを恋人にも勧める
- [ ] 自分が楽でいられる相手が好き
- [ ] 恋人の言動、行動で気に入らないことがある
- [ ] 恋人の行動に期待があり
  思いどおりに動いてほしい
- [ ] 恋人に自分の好きな場所を案内したい
- [ ] 恋人に「あれ取って」など
  簡単なことも指示をしがちだ
- [ ] 恋人からは自分中心に扱われたい
- [ ] 犬が好きだ

**チェック数** 　　　　　　　　個

## question F

- [ ] 恋人にからかわれるとうれしい
- [ ] 恋人に「お前」と言われやすい
- [ ] 恋人の友達に紹介されるのが好き
- [ ] 恋人の持っているものが良いものに見える
- [ ] 恋人に頭をなでられるのが好き
- [ ] 恋人との約束はゼッタイ!
- [ ] 恋人と食べ物の好みや趣味などが似る
- [ ] 食事に行く店など恋人に従う
- [ ] 自分の予定を恋人に合わせる
- [ ] 恋人に呼び出されるとどこにでも行く
- [ ] 恋人からメールがきたらすぐ返す
- [ ] 恋人に対する状態は「あなたしか見えない」という感じだ
- [ ] 恋人との待ち合わせでは待つことに慣れている

チェック数　　　　　　　　　　　　　個

# lesson 02 | 診断結果 じぶん成分表

6つの質問、どれが多くて、どれが少なかったですか？ 下の成分表にチェック数ぶん目盛りをぬると、左右に向かう棒グラフができます。ちょっとやってみてください。ぬりぬりぬり。

**質問 A** P.040

| 13 | 12 | 11 | 10 | 9 | 8 | 7 | 6 | 5 | 4 | 3 | 2 | 1 |

**S** 外意識 ← **価値観**

**質問 C** P.042

| 13 | 12 | 11 | 10 | 9 | 8 | 7 | 6 | 5 | 4 | 3 | 2 | 1 |

**S** 自分主義 ← **行　動**

**質問 E** P.044

| 13 | 12 | 11 | 10 | 9 | 8 | 7 | 6 | 5 | 4 | 3 | 2 | 1 |

**S** 所有意識 ← **セクシャル**

いかがでした？

極端になりました？

結構バランスがいい？

これがあなたの内にひそむ

SとMの成分表です。この結果から

自分のタイプを割り出していきましょう。

**質問 B** P.041

| 1 | 2 | 3 | 4 | 5 | 6 | 7 | 8 | 9 | 10 | 11 | 12 | 13 |

**価値観** ━━━━━▶ 内意識 **M**

**質問 D** P.043

| 1 | 2 | 3 | 4 | 5 | 6 | 7 | 8 | 9 | 10 | 11 | 12 | 13 |

**行　動** ━━━━━▶ 相手主義 **M**

**質問 F** P.045

| 1 | 2 | 3 | 4 | 5 | 6 | 7 | 8 | 9 | 10 | 11 | 12 | 13 |

**セクシャル** ━━━━━▶ 従属意識 **M**

## lesson 03 | 8タイプの判別方法

「価値観」「行動」「セクシャル」の、SとMの目盛りを見て、数が多いほうを自分の結果ととらえてください。たとえば下のような表だったら……、

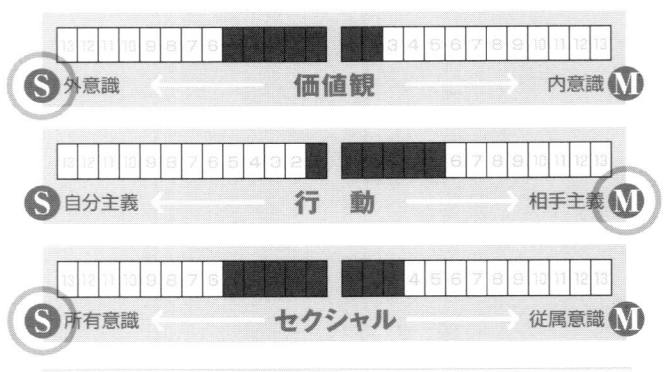

**S** 外意識 ← **価値観** → 内意識 **M**

**S** 自分主義 ← **行　動** → 相手主義 **M**

**S** 所有意識 ← **セクシャル** → 従属意識 **M**

8タイプの中では、「**SMS**」ということになります。
SとMの目盛りが同じ場合、2つのタイプを読んで、しっくりくるほうが自分のタイプになります。

結果ページでは数値の多いほうを右のように表しています。

価値観　S△
行　動　△M
セクシャル　S△

では結果を見てみましょう。

# あなたはどれに
# あてはまりましたか？

価値観 S
行動 S のあなたは
セクシャル S
**テラどS** ▶ P.050

価値観 S
行動 S のあなたは
セクシャル M
**3歩下がるS** ▶ P.053

価値観 S
行動 M のあなたは
セクシャル S
**弱いヤツに強いM** ▶ P.056

価値観 S
行動 M のあなたは
セクシャル M
**見返りを求めるM** ▶ P.059

価値観 M
行動 S のあなたは
セクシャル S
**オレルールなS** ▶ P.062

価値観 M
行動 S のあなたは
セクシャル M
**甘えんぼS** ▶ P.065

価値観 M
行動 M のあなたは
セクシャル S
**尽くし疲れたM** ▶ P.068

価値観 M
行動 M のあなたは
セクシャル M
**テラどM** ▶ P.071

価値観 Ⓢ

行　動 Ⓢ

セクシャル Ⓢ

type.01
# テラどS

▶自分の好み優先で動く行動**S**。
▶気付かないうちに人を巻き込んでる。
▶「あ、ちょっと寄っていい？」とか言って、
　コンビニに友達連れて用事をすませたりする。
▶「のどかわいたね」とつぶやけばどこからか
　コーヒーが出てくる。
▶周りをいつの間にか自分の言動に巻き込んでる。
▶紅茶よりコーヒーだって相手がわかってくれてる。
▶なのに「このコーヒーよりあそこのが好き」
　とか思ってたりする。
▶むしろ、言う時もある。
　「あそこのコーヒーもっとおいしいよ」
　いや、善意、善意。
▶こだわり、かなり強い価値観**S**。
▶グラスならバ○ラ。練り物は紀○。みたいな。
　そのあたりは譲れない。
▶周りはいつの間にかこの思い込みに染まってる。
▶「ええ？　それよさそう！」とか友達に言われる。
▶無意識に洗脳。

▶こんな流れで若干、姐御的位置に君臨したりする。
▶美容とか結構意識してる。
▶ドモ○ルンリンクルとか「いい」って聞くたび
　気になる！　でも手が出ない。
▶だから、試してる人の意見を聞きたい。
▶本当にあれだけの価値があるのか？　と。
▶常識、大事。
▶電車とかで、常識はずれが目に付く。
▶「おい、そこ！　降りる人が先だって！」とか
　よく思う。
▶気遣いも、大事。
▶お店とかで接客がダメだと態度に出す。
▶いきなり「もう結構」とか言って店を出たりする。
▶そして、とたんに御用達リストからはずす。
▶恋人、完全に自分のもの扱いのセクシャルS。
▶「肩こっちゃったなぁ」とか言えば
　恋人がマッサージしてくれる。
▶一緒に歩いてても、
　いつの間にか自分が前を歩いてる。
▶エスカレーターとかなぜか先に乗ってる。
▶靴紐むすんだりする時、
　気付けば荷物は相手の手に。
▶そうそう、そういう人じゃなきゃダメなのよね。

### まとめ

**価値観** このタイプは、仁義優先の常識派です。挨拶で好感を持ち、トラブルがあっても菓子折りを持って来られれば許します。仕事でも対人関係を大事にし、会社の人間としてきちっとやります。自分へのメリットは確実に押さえていくので、営業などが向いてます。バリバリ。肩書きが付いて営業部長とかになると、なおさらがんばります。バリバリバリ。負けると癪なので成績もメキメキ上がるタイプ。

**行動** ハマると熱中してこだわりが激しくなる職人派です。趣味でも「すごいねー」と言われるレベルまではがんばります。が、しかし所詮趣味。すごいと言われる程度になったら満足で、楽しむほう優先。

**セクシャル** 恋愛や友人関係はかなり人情派です。裏切られたらもういらない。「あっそう。へー、そう出るのね」などと思い、サクッと切ります。アドレスから抹消。しばらくすると脳内からも抹消。「え？ そんな人いたっけ？」という、どSなスタンスです。

価値観 Ⓢ

行　動 Ⓢ

セクシャル Ⓜ

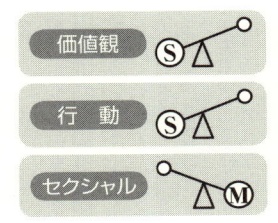

type.02

# 3歩下がるS

▶人が絡んでも自分主導の行動S。
▶「このトマト超おいしい！　食べてみて！」
▶自分の好みに友達を巻き込む。しかも善意。
▶トマト嫌いにも「おいしい」と言わせるオーラ。
▶「なんかあつくない？」とか言うと
　なぜかエアコンがつく。
▶「あの髪型はないわ」とか思ってると
　自分の周りからその髪型の人、絶滅。
　もはや魔法の域。
▶こだわりが毛穴から出てる。
　みんなそれを感じ取ってるのかも。
▶いつもいく病院とか決まってる。
▶いつもいく美容院も決まってる。
▶「あそこ、今までで一番！」とか思う。
▶今までの中で一番とか決める。
　なにせ価値観S。
▶ほかの美容院に行ってる人を見ると、
　「え？　あの美容院？　ありえねー」
　とか思ってる。

▶いや、悪気はない。
▶マジで思ってる。
▶基本、結構王道方面に向かいがち。
▶メニューとか、変わったものとか少し気になる。
▶でも、まずかったらイヤだから
誰か試した人に聞く。
「どう？　それやっぱまずいんでしょ？」
▶自分にダメージは受けたくない。
▶頂き物でもあげたものでも批評する。
▶「あのサイズのお皿、使えるよね！」とか
「あのパン、失敗だったね」とか。
▶いや、作ったのは業者だし。
▶「普通プレゼントに家電とかなくない？」とか、
「簡易包装とかもどうなの？」って思ってる。
▶非常識は嫌い。
▶恋人には尽くす。かなりどM。恋人にだけ。
▶「お茶」って言われる前に出す。
▶「疲れた」って言われる前にマッサージ。
▶先に言われると悔しいからがんばる。
▶そしてその思いをねちっと押し売りする。
「こんなにやってあげてるのに！」って。
▶ほめられたりすると木に登る。すごい速さ。
▶まぁ、ほめられて当然だけど、とか思う。

### まとめ

**価値観**　このタイプは、自分目線での常識があります。「これがいい！　絶対！」とか思い込んでるので人に何か勧めるのが得意です。仕事じゃなくてもお勧めする、世話焼きタイプ。それが人を集める魅力につながっています。魅力っていうか魔力に近いのかもしれません。そして、ほめられると絶好調に。役割に酔いしれて力にするので肩書きを与えるとそれになりきり、全うします。

**行動**　仕事でも趣味でも形から入るタイプで、一式そろえてから。しかも、やるからにはこだわります。「ワインっておいし〜」と思ったら、「ソムリエの資格取っちゃおうかな」レベルまでいっちゃったり。下手なお店の人より知っていたりします。自分がこだわりタイプなので、お店の人の応対にも厳しいです。「あなたじゃ話にならない。上を呼んで」と。

**セクシャル**　恋愛では、毅然とできない尽くし系です。普段とのギャップがありすぎて尽くしてる自分を過大評価し、押し付けます。好きな思いが呪いに近いです。感情の起伏、ウソ発見器並。

価値観 S

行　動 M

セクシャル S

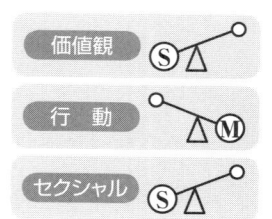

type.03
# 弱いヤツに強いM

- ▶結構好みとかしっかり決まってる価値観S。
- ▶ステーショナリー、M○JIで統一とか。
- ▶なのにみんなといると我を出さないで静か。
- ▶空気読むのは大事。そして得意。
- ▶なんか食べて「これ、超おいしい！」とか思っても、積極的においしいアピールは控える。
- ▶一口勧めて「え？　そう？」とか言われるのやだもん。
- ▶で、誰かが言ったら「ね！　おいしいね！」みたいな。
- ▶様子見、命。
- ▶ネットショップは楽○が一番、とか思ってて、ほかの人がヤ○ー使ってたりすると「あら、ヤ○ーなんだ」と脳内でチェック。
- ▶すべてにおいて見られ方が結構気になるから人のチェックとか何気にしてる。
- ▶ほら、世間一般をわかっとかないと。何かあった時に。
- ▶服装も無難な色で無難な格好。合わせやすい。

ほかの服にも世の中にも流行にも。
- ▶変化は苦手。だから物が捨てられない。
- ▶この服もう何年目になるだろう？　っての多い。
- ▶自分だけが楽しむものは結構自分を出す。
- ▶実はPC立ち上げ画面、子犬の写真だったりする。
- ▶実はキャラクター物とか集めてたりする。
- ▶自分ワールドはあるのに表面化しない。
- ▶街で道とか人に聞くの苦手。
- ▶時間かかっても自分で調べる。
- ▶他人に対して非常に控えめ。大人だもん。
- ▶なのに恋人にはえらそうになっちゃう。
- ▶気遣いがないとイラッイラする。
- ▶なんでこんなことも気付かないの？　とか思う。
- ▶「男なんだからさぁ」とかよく思う。ってか言う。
- ▶恋人にだけはガンガン文句言える。
- ▶そのくせ自分は女らしくを意識しないんだけどさ。
- ▶普段は相手の時間の迷惑を考慮してメール派。
- ▶なのに恋人には自分から電話。
- ▶俄然強気。
- ▶そうさせてくれる相手じゃないとダメかも。
- ▶地味に生きてるけど

　プライドだけはヒマラヤだから。

## まとめ

**価値観** このタイプは無意識のうちに、周りを観察しています。違いのわかる女です。「あの人、昨日と同じネクタイだ」や「あれ？　新しいバッグ？」など、そのチェック具合は、驚異的です。人を観察するわりに、人から観察されるのは苦手です。だから自分の趣味はあまり人目につかせません。というか、むしろあまりバレたくないタイプ。

**行動** パンダグッズを集めたり、人気ブログを見たり。冷静な大人タイプなのに、好みがちょっとかわいいというギャップあり。広く物事を見られるので、提案するのみの接客とかきちっとこなします。「肌の色が明るいのでピンク系が似合います」と、控えめで非常に理論的にアドバイス。内心「うわー！　白っ！　肌白っ！」と思っていても、自分の主観は見せません。

**セクシャル** 仲良くなってきたら徐々に個性が見える系です。「実はあたし、ウサギグッズも集めてるんだ〜」と言い出したり。恋人には「その服変だよ、やめなよ」と、個性どころか不必要に威圧的だったり。「あたし脱いだらすごいんです」。

価値観 S

行　動 M

セクシャル M

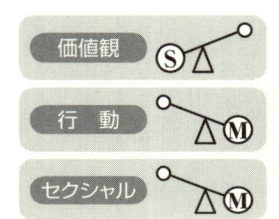

## type.04
# 見返りを求めるM

- ▶価値観は常識重視のS。
- ▶だから人からの見られ方、超気になる。
- ▶長いものには巻かれて

　できるだけ普通を心がけてる。
- ▶ほんとはちょっと常識外れにあこがれるけど。
- ▶自分的に服装の好みとか食べ物の好みとか

　あるにはあるけど相手優先。
- ▶「このお新香おいしいよ」とか言われたら

　苦手なナスのお新香でも、

　「あ、ほんと？」とか言う。
- ▶行動はMだから

　みんなといてもあんまり目立たない。
- ▶空気壊すのが嫌だし、相手の意見優先で全然いい。
- ▶むしろあたしが空気。
- ▶安定万歳。変化とか苦手。
- ▶試供品とか使わないでとっといたりする。

　これはいつの？　みたいな。
- ▶洋服の試着、すっごい苦手。
- ▶人のテリトリーで無防備になるのなんかやだ。

▶「どうですかー？」とか聞かれるの超苦手。
▶やめて。あたしを待たないで。
すっごいプレッシャー。
▶なんとなく入りそうなサイズを選んで
できるだけ試着は避ける。
むしろ体を服に合わせる。
▶人から「最近どう？」とか聞かれても
「うーん、別に取り立ててないなぁ」とか思う。
▶そういえば猫を飼いはじめたり
そういえば引っ越したりしてても
人といる時に自分の話題を積極的に思いつかない。
▶え、だっておもしろくないよ？
ただ引っ越しただけだし。
別に何も笑えないよ？　とか思う。
▶恋人にも自分を出しきれない、セクシャル**M**。
▶いや、自分的には出してるつもりなんだけど
気付けば相手の話ばっかりになってるっぽい。
▶なんか聞いてるほうが楽しい。
▶すごいよなあ。
なんでみんなこんなに上手に話せるんだろう。
▶せめてリアクションだけはよくしようと思う。
▶「あ、それ知ってる」と思っても
まるで初めて聞いたかのごとく「へー！」って。

## まとめ

**価値観** このタイプは、常識優先の控えめタイプです。周りの意見を聞いては流され、聞いては流され。根本、自分に自信がないので、何をやるにもうかがいながらの姿勢です。「このトングはサラダ用？ あ、こっちのパスタ用？」というような感じです。真ん中にある食べ物とか、とるだけでも勇気が必要。緊張してるのか遠慮してるのか。少しでも注目されてる自分に気付くと赤面します。チワワみたいでかわいいです。

**行動** あまりに自分の話をしないので、何を考えてるかわからないと思われたりするタイプ。できれば地味に事務とかが理想でしょう。コミュニケーションも少なく黙々とした作業向き。

**セクシャル** 好きな人ができたら地味に木陰から見てるようなタイプです。若干怖い。できるだけ相手の役に立ちたいけど基本ビビリなので悩むけどやりません。「お茶、出そうかな？ コーヒーがいいかな？ 悩むなあ。お節介かな？」となってやめます。役立たずな自分に反省しますが、脳内は大忙しなんです。

価値観　M

行　動　S

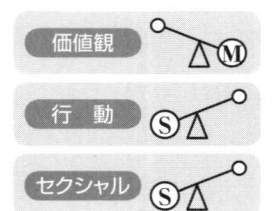

セクシャル　S

type.05
# オレルール
# なS

- 気分しだいの自分主義。
- 普段の行動は俄然S。
- お腹がすいたら、みんなといても

  1人で勝手にケバブとか買ってたりする。
- 飲み会でも1人だけ自分用にうどんとか頼んでる。

  「え？　食べたいの？　ならもうひとつ頼む？」
- だって価値観はMだから。
- 人は人。自分は自分。
- だからあたしのことはほっといて、って感じ。
- 目玉焼きにソース？　ふーん。

  ショウユ？　ふーん。

  あたしはマヨネーズ。みたいな。
- 「え？　マヨ？」とか言われても

  「うん。マヨ」
- 気分気分。理由なんかないもん。

  しかもすぐ変わるし。
- 明日は塩派かもしれない。

  それも明日だけ。
- メールとか超めんどい。

▶思ってることを、今！　今、言いたいの！
▶この、ピッピッて押す感じが
めんどくさい。
▶常識とかも気になんない。
▶え？　シャツにアイロン？
やんないやんない。
パンパーンッてやればオッケーでしょ。
▶仕事とかも楽しいのが好き。
▶気分が乗らないとなかなか無理。
お腹とか痛くなる……ような気がする。
▶だから人とかかわらないですんで
「ものと私」みたいな仕事が好き。
▶セクシャル面も、完全にS。
▶考え方とかじめっとしてると、超イライラする。
きのことか生えそうでやだ。
▶「カラッといけ‼」って諭す。
自分のほうがカラッとしてて男らしい気がする。
▶そういえば出かける時はいつもカラッと晴れ。
あたしもしや晴れ女⁉
▶いや、雨の日に出かけないからって
だけなんだけどさ。

## まとめ

**価値観** このタイプは、常識よりも個人優先です。気まぐれに生きて興味のないところはあまり見ない、幸せタイプです。仕事も本人が楽しいことじゃないとできません。「なんか、今日ダメだ」それどころかいきなりやめたりします。「なんか、もうダメだ」非常に不安定な人材です。でも、本人的には毎日を気分に任せて、ど安定。趣味も感覚的なものが合っています。

**行動** 基本がテンションキャラなので、ダンスとか歌とか個人プレーのスポーツとか、酒でも飲んでるのかと思うぐらい楽しげです。テンションが高い時は酔っ払い並に刹那的。モードが低い時は二日酔いかと思うほどの陰気っぷりを見せます。このアップダウン、切れかけの蛍光灯並。

**セクシャル** このチカチカ具合で周りを翻弄させておきながら、恋人には「周りに流されないほうがいいよ」とか言います。恋人は自分のもの扱い。こうしろああしろというよりも、こう考えろと精神から諭すタイプ。教祖か。

type.06

# 甘えんぼS

価値観 M
行　動 S
セクシャル M

- 普段はマイペースな行動S。
- 自分の感情優先で、みんなといても1人でふらっと違うとこ見てたりする。
- 「え？　何なに？　移動動物園？　すごいー！」ってついてっちゃう。
- で、はぐれる。
  「あれ？　おーい。みんなー」
- 価値観はM。
- あんまり比較で考えない。
- だから団体競技とかみんなほどがんばれないかも。
- 「よっしゃー！　やるぞぉお！　勝つぞぉお！」って勢いは便乗するけど、そこまで「勝つぞぉお！」でもない。
- 楽しくやれればいいや。
- 好き嫌いは結構あるけど、人の好みには興味ない。
- 人の評価も興味ない。
- 「このポンチョかわいい！　え、変？　着て歩けない？　そう？　あたし平気。これくださ〜い」
- 仕事とかでも営業成績とか出ようが出まいが

自分のできる分しかできない。
- だからってずっと同じ作業とかも苦手。
- 何か作るのって結構好き。
- 創作料理とかも好き。
- 納豆にひき肉混ぜてみたりする。
- お味噌汁に牡蠣とか入れてみたりする。
- えええ？ とか言われるけどおいしかったりするよ？ あ、しまった。あたし牡蠣苦手だったかも。
- 好き嫌いはっきりしてるのにいつも忘れてる。
- 雰囲気に任せて好きになる時もあるし。
- こんなに自分主義なのに彼にはまさかのセクシャルM。
- 気付くと相手の考え方にどんどん染まってっちゃう。
- 「え？ 何そのゲームおもしろいの？」とかゲーム興味なくても気になっちゃう。
- で、数日後はもうハマっちゃってる。
- 相手の持ってるものとか素敵に見える。
- 「その時計、どこで買ったの？」
- 即まねっこ。
- 男物だろうがモウマンタイ。

## まとめ

**価値観** このタイプは見られ方より自分優先です。時代遅れだろうが、先取りしすぎだろうが、ピンときたらそれを採用します。「最近オカリナにハマっててさあ！」ってすっごい練習しちゃってたりするようなタイプ。「いいの見つけた！」と言って、百均のまな板立てを楽譜立てに使っちゃってるような感じです。

**行動** 仕事も趣味も、体を動かすのとか向いてます。作業自体が自分の楽しいと思えるものじゃないと苦手です。同じ作業とかずっとしてるとぼんやりしてきます。子供か。自分の感情優先なのに、なぜか自己中な印象を与えない不思議系。この子はしょうがないと思わせる何かがあります。陽だまりの猫のようなゆるさ。

**セクシャル** 普段のマイペースとはうってかわって、恋人との付き合いではいきなり彼色に。考え方から染まります。え？　オカリナって変？　じゃあしばらく休憩。え？　これまな板立てなの？　間違えちゃった。陽だまりの猫から、いきなりあとを追う子犬。

| 価値観 | ○△M |
| 行動 | ○△M |
| セクシャル | S△○ |

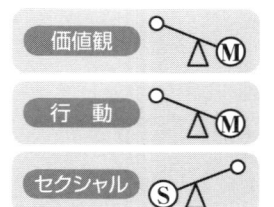

## type.07
# 尽くし疲れたM

- ▶電話とかきたら自分から切れない。
- ▶友達からの誘いを断るのとかも断腸の思い。
- ▶「ごめんね、この日は予定があるの」とか
  ちょっと言いづらい。
- ▶自分の予定で
  「あーじゃあ別の日かぁ」って言われるの
  なんか超つらい。
- ▶スケジューリングに命を消耗。
- ▶行動は相手に合わせるM。
- ▶パスタ好きな人といる時はパスタを提案。
- ▶GODIVA好きな人にはGODIVAを献上。
- ▶でも読み方知らなかったりする。
  ゴダイヴァ？　ゴディーファ？
  わかりゃいいでしょ。
- ▶メールの文字の変換も雑。
  変換？　返還？
- ▶そして相手のミスにも限りなく寛大。
- ▶自分の名前間違えられても返事する。
  訂正できない。

▶別にいい、いい。

あたし今日からあなたにとってハナコで。

▶価値観もそれぞれを大事にするMタイプ。

▶マヨネーズの容器、潰して出してく派？

膨らまして逆さに保存派？

出す時遠心力使う派？

わかるわかるー。みたいな。

▶どれにだよって感じだけど、どれもわかる。

▶え！　大卒？　いいじゃん！

え！　お菓子作りの専門？　いいじゃん！

え！　高校2回中退？　いいじゃん！

▶どれもいい。し、そのあたりどうでもいい。

▶こんなにいろいろ寛大なのに、

恋人にはどうしても

自分が主導権を握りたくなるセクシャルS。

▶「オレはこれでいいよ」って

地味な色を選ぶ相手にこそ、

「いやいや、このピンクのとかどう？」と。

▶大事な相手にこそ萎縮させない。

「もっと自分を出せよ！」と。

▶寛大に見せかけてひどい押し付け。

▶『北風と太陽』の太陽の気持ちわかるもん。

おおらかに見せかけて脱がす！　みたいな。

## まとめ

**価値観** このタイプは、個人優先の尊重型です。おでんには味噌？ からし？ 何も付けない？ あ、おでんじゃなくて関東炊きって言う？ というあたりから探っていき、相手の常識を尊重します。「カレー炊いてる」と言われても、「炊く＝煮る」と脳内変換できる柔軟タイプです。

**行動** 仕事はこなすような作業向きじゃなく、頭を使うようなものが向いています。インドア系で花よりも実をとる裏方タイプ。人事とか得意。媚やパフォーマンスにだまされません。行動も地味で性格も裏方気味なので、自分だけでできる小ぢんまりした趣味を持ちがちです。だからってバーベキューとか誘われたら、ぜんぜん行きます。社交性もあり。

**セクシャル** 恋人に対しては、いきなり行動に積極性が出てきます。相手が喜ぶことをやってあげたい体質。そして相手のダメなところは修正したい体質。あたしみたいになれ、と。

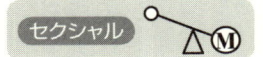

価値観
行　動
セクシャル

## type.08
# テラどM

- ▶人と一緒に歩いてても

　いつの間にか若干後ろを歩いてる。
- ▶全然意識してないのに

　エスカレーターが近くなると

　歩き方超スローリー。
- ▶いつの間にか相手が前に行くように、

　相手に合わせる行動M。
- ▶相手もこっちの様子を見てる時とか大変。
- ▶エスカレーターまでの時間的距離、長い。
- ▶お互いに間合いを測る。

　武蔵と小次郎。
- ▶我慢くらべみたいになる。

　あ、でもあたしが小次郎でも大丈夫。
- ▶待つの慣れてるから。
- ▶公共の場に手を出せない。
- ▶会社のレンジとか使うの苦手。

　あの人は次使いたい人？　待ってるのかな？

　あーもー別にお弁当あっためなくてもいいや。

　お腹に入れば一緒だもん。

- ▶買い物とかも苦手。
- ▶背後にいる店員さんが気になって
洋服なんて見てられない。
- ▶商品、手に取っちゃダメだ！
興味ないふりしないと！
- ▶話しかけられないようにするために
見たい服、素通り。
えーっと、何しにきたんだっけ？
- ▶個人の価値観優先のM。
- ▶っていうか、相手の価値観優先。
- ▶だからいろんな人が同じ場所にいると
だれを優先していいか困る。
- ▶「ラーメンは塩だ！」
「いや、とんこつだ！」
の間でおろおろ。
「塩はさっぱりでいいね。
とんこつはこってりでいいね」って、
毒にも薬にもならない。
- ▶友達にもさることながら恋人にもどM。
- ▶待ち合わせは相手が都合いいほうまで行く。
- ▶怒られたらすぐ謝る。
- ▶3回まわってワンッて言う。

## まとめ

**価値観** 個人の価値観、尊重型のタイプです。「あれ、かわいい〜！」と言われればマジでかわいく思えてきます。人といる時は相手の好みに染まります。洗濯乾燥機で縮んだTシャツとか、小さいなりに使います。物相手でも自分が合わせます。あれもいい、これもいいと思いがちなので、若干収集癖あり。気付けばおもしろ絵文字いっぱい。気付けばブックマークいっぱい。

**行動** 基本、コミュニケーションはリアクション命です。「へー」「ほほう」と話を促す能力があるので、面接とかカウンセリングなど、相手の話を聞く仕事が向いてる感じです。

**セクシャル** 恋人にももちろん聞き上手。相手に気分よく自分を出させます。そしてだんだん自分が相手色。相手の全部を大好きになります。「へー。野球好きなんだ」と思ったら、もう趣味野球観戦が感染。

## lesson 04 | 質問からわかること

さて、質問6種類、
それぞれどんな意味があったのかを
見ていきましょう。

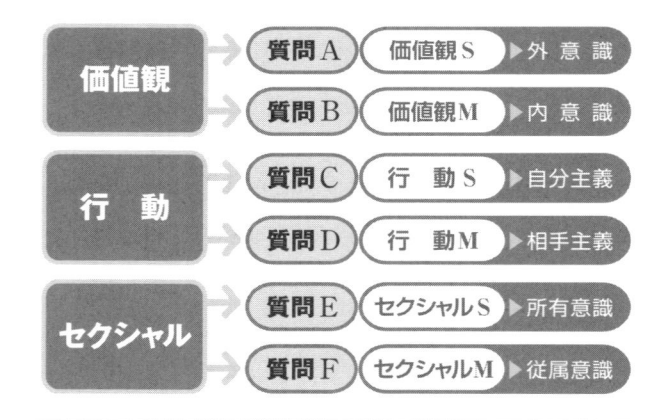

| 価値観 | → | 質問A | 価値観S | ▶ 外意識 |
| | → | 質問B | 価値観M | ▶ 内意識 |
| 行　動 | → | 質問C | 行　動S | ▶ 自分主義 |
| | → | 質問D | 行　動M | ▶ 相手主義 |
| セクシャル | → | 質問E | セクシャルS | ▶ 所有意識 |
| | → | 質問F | セクシャルM | ▶ 従属意識 |

**質問AとBとは**

**価値観が外意識か内意識かのバランスをチェック。**

**質問Aは価値観Sの人にチェックが多い質問。**

**外意識の度合いが高いか低いかを見てます。**

基本的に外意識の強い人は、
見られ方を意識する常識派。

「おしゃれが好きだ」とか
「私って人見知り」とかは
見られ方を意識してる時に出やすい特徴。
人見知りの人は、最初のうちは相手を詳しく知らないから、自分の立ち位置を測れずに踏み込めない状態なのだと思います。
距離の測り方、計測中。みたいな。

また、見られ方を意識するので
社会的常識や数字を意識しがち。
だから、メールの文頭文末のあいさつ文とか、
きちんとしています。

**質問Bは価値観Mの人にチェックが多い質問。**
**内意識の度合いが高いか低いかを見てます。**
内意識は個を大事にするので
「なんでだろう？」というふうに物事を見がちです。
「キリンの首が長い」「なんでだろう？」
「りんごが落ちた」「なんでだろう？」みたいな。
なので「きな粉は大豆でできているとか知るのが好き」だし、「地球のこととか知るのが好き」だったりします。
ニュートンとかダーウィンあたりは

これが強かったのかもしれません。

個人の意思を大事にするので、
「音楽は歌詞を大事」にしたり、
「映画監督の意図を読み取ろう」としたり。
そんな目線から分析すると、
自分と人とを比較しない人が
価値観Mに多くなります。
「へー。赤飯にさとう？」とか、
新しい組み合わせを許容。

**質問CとDは、**
**行動が自分主義か相手主義かのあんばいに着眼。**

**質問Cは行動Sについての質問。**
**自分主義の度合い。**
まぁ、自己中度合い、自分のわがままっぷりです。
感情がすぐ出るとか、
周りを巻き込んで何かしがちとか、
行動Sに多い特徴です。
「うまいとか寒いとか言う」し、
「イライラをぶつける」とかします。
感情や願望は自分の状態なので、

体としては当然出るもの。
だから赤ちゃんはすぐ出します。
でも周りの人にも願望があることに気付いてきても
なお、自分の主張を出しているのが
感情フリーな行動S。

気分しだいなので「きまぐれ」だし、
「お腹がすくと力がでません」。
体に素直なんです。

**質問Dは行動Mの人にチェックが多い質問。**
**相手主義の度合いです。**
相手主義の行動Mは、相手優先の行動をとるので
先に相手の様子見。
「感情が表に出づらい」し、
「満腹時でもおいしそう」と言えます。
相手の様子を見てから自分を出したい。

相手の意思の迷惑にならないようにしたいので、
「わかるわかる」と会話を促したり、
「頼まれごとも嫌とは言えない」っていう。
優柔不断が多く、気を遣うので、
「すみません」が口癖、とかね。

**質問EとFは、セクシャル面、
主に恋愛でのスタンスが
所有意識か従属意識かの度合いを見てます。**

**質問EはセクシャルSの人にチェックが多い質問。
所有意識の度合いです。**

恋人を自分のもの扱いし、

横柄に見られることが多いセクシャルS。

「恋人を自分のところに呼び出す」し、

「恋人の言動にイライラ」します。

自分からじゃなくて、

自分に向けられている愛情を好むので

「犬好き」が多かったりします。

だから、猫みたいに気まぐれにツンとされると

寂しい。

自分のものというのが愛情表現なので、

「服装への文句」とか

「好きな食べ物を勧める」のも愛情表現。

このセクシャルSの度合いが強いと、

相手に対して何かを要求することで愛情を表現し、

要求を満たしてくれる人に、俄然愛情を感じます。

えらそうにしてる寂しがり。

**質問Fはセクシャルの人にチェックが多い質問。
従属意識の度合いです。**

従属意識が強いと

「あたしはあなたのもの」だと確認したいので、

恋人からの所有意識を感じてうれしくなります。

要は「お前はオレのもの」扱いを

してほしいっていう感じ。

「からかわれるとうれしい」とか、

「頭をなでられるのが好き」とか、

オレのもの扱いをされている確認。

これが満足感につながります。

さらに

「待つことに慣れていて」

「呼び出されるとどこへでも行く」。

完全にハチ公ですね。

# lesson 05 | Mはむっつりの M？振りきれてる人たち

「価値観」「行動」「セクシャル」のSとMから
大雑把に8種類のタイプにわけました。
価値観も行動も同じSでも、
セクシャルがSかMか違うだけで
まったく性格が変わります。

すべてSSSの**テラどS**は、
人情派で、完全に「親分」という感じ。
すべてSなのでむしろサバサバしていて
S具合が目立ちません。

最後のセクシャルだけがSとMが違うだけで、

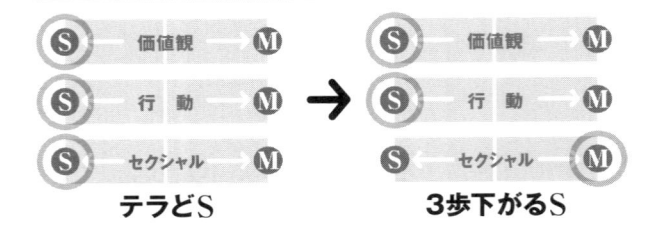

| S — 価値観 — M | S — 価値観 — M |
| S — 行 動 — M | S — 行 動 — M |
| S — セクシャル — M | S セクシャル **M** |
| **テラどS** | **3歩下がるS** |

**3歩下がる**S。
恋人にだけ尽くすのでMが際立ち、

ねちっとしためんどくさいタイプに変わります。
恋愛した瞬間に
性格が変わった女性がいました。
恋人ができるまでは
サバサバ仕事に生きる女だったのですが、
自分から大好きな人ができた時、
セクシャル部分だけがころっとMに。
人のことなんてどうでもよかった人が
恋人のケータイが気になって仕方がない。
隠れてこそっと見たりして。
仕事もバリバリやってたのに
恋人の靴磨き優先で仕事はあと回しとか。
その変貌ぶりは目を見張るほどで、
**テラどS**と**3歩下がるS**の違いを
同人物で確認できた例でした。

ちなみにあたしは**テラどM**です。
**テラどS**と間逆で、

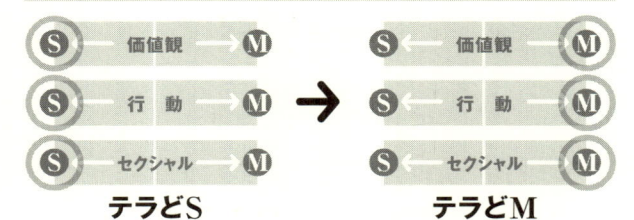

| | テラどS | | | テラどM | |
|---|---|---|---|---|---|
| S | 価値観 → | M | S | ← 価値観 | M |
| S | 行 動 → | M | S | ← 行 動 | M |
| S | セクシャル → | M | S | ← セクシャル | M |

全部反対。

考え方もこだわりよりも許容。

行動も自分より相手。

恋愛も自分主体より彼主体。

**テラどS**とは正反対なので

お互いの性格を

「ありえなーい」とか言いながらも

SとMで相性もよく、仲よくしていけます。

ただ、**テラどM**は恋愛で相手にほれられすぎると、

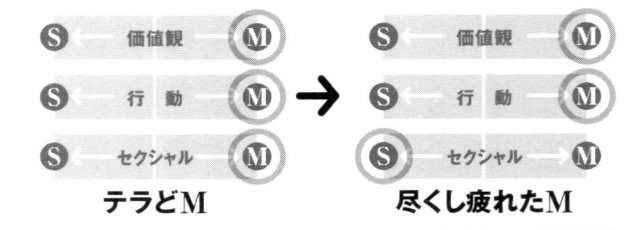

| | | | | | | |
|---|---|---|---|---|---|---|
| S ← 価値観 M | | | → | S ← 価値観 M | | |
| S ← 行動 M | | | | S ← 行動 M | | |
| S ← セクシャル M | | | | S セクシャル → M | | |
| **テラどM** | | | | **尽くし疲れたM** | | |

セクシャルが従属Mから所有Sの**尽くし疲れたM**に。

何事にも人間優先で「ワンワン」と犬みたいに

追っかけるイメージのある**テラどM**が、

ポリシー優先の

ちょっと理屈っぽい性格になります。

セクシャルがちょっと変わっただけなのに。

ちなみに**尽くし疲れたMと弱いヤツに強いM**は、

すごく性格が似ています。

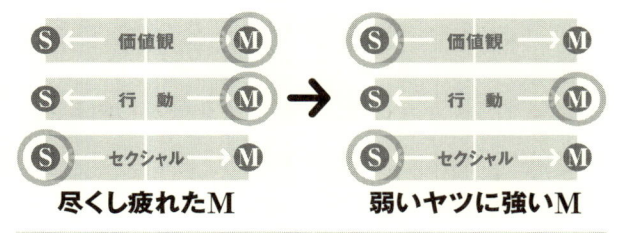

| S ← 価値観 → M | S ← 価値観 → M |
| S ← 行動 → M | S ← 行動 → M |
| S ← セクシャル → M | S ← セクシャル → M |
| **尽くし疲れたM** | **弱いヤツに強いM** |

この2タイプは価値観が違うだけ。

このタイプの組み合わせで、友人関係だと、
気の遣い方が一緒。
例えばカラオケに2人で行ったら
トイレに行けないとか、
偶数個の食べ物しか注文できないとか。
そして、2人とも恋人にSなので
恋人が参加したがったら
2人で飲んでいるところに呼び付けます。

ただ違いは、
あとから恋人が参加する時
あたしたちが2人席だった場合、
**弱いヤツに強いMは「席を替えて」と言えない**
あたりでしょうか。

**弱いヤツに強いM**は、価値観が
外意識のSで、行動がMなので
店員さんに何か言うのが苦手なのに対し、
価値観が内意識のMで、行動もMな**尽くし疲れたM**
は、相手のためだと「席を替えて」と、
すぐにお願いできるっていう感じ。

価値観のS度、M度が違うだけなのに、
外へ伝わる印象がとても違うものになります。

道に迷っても**弱いヤツに強いM**は調べ、
**尽くし疲れたM**は聞きます。
人と飲んだら**弱いヤツに強いM**は聞き、
**尽くし疲れたM**はしゃべります。

こんなに中身は似てるのに、この見え方の違い。

圧倒的に**弱いヤツに強いM**が
謙虚に見えるっていう錯覚。
ひどい……。
こう見ていくと、
「価値観」「行動」「セクシャル」の
1箇所が違うだけでも

結構性格って違うので、
おもしろいなと思います。
ちなみに**MMS**の**尽くし疲れたM**と正反対の
**SSM**の**3歩下がるS**は、
人情派で自分の仲間を大事にします。
そして身内のためなら世話を焼きます。
「席を替えて」と言うでしょう。

正反対のタイプと同じような行動をとる
というのも、なんかおもしろいでしょ。
**S**な行動に見える**M**と
**M**な行動に見える**S**。
うふふふふふふ。
おもしろい。

こうやっていつも観察しては楽しむ
むっつりなあたしは**テラどM**。
「**M**はむっつりの**M**かも」
と最近思います。

# lesson 06 わかってたけど十人十色

いかがでしたか？
おもしろかった？
いろんな人がいるもんだなといつも思いますが、
たった8タイプでもこんなに違うとなると、
自分の嫌いな部分も好きな部分も
「こういうもんかもなぁ」って思えませんか？

会社の人からお土産を配られると
「この人いい人だ」とか言ってた
プレゼントに弱いあの人も、ただ行動Sなだけ。
トイレとか少ないと使えない
遠慮がちなあの人も、ただ行動Mなだけ。
次は、もっと細かくあなたの魅力追求。

3つの座標から特徴の度合いを見ていきます。

Part.3

# 3D診断

Part.3

# lesson 01 | 楽しい座標 3D診断

SとMは一般的に
2種類だと考えられていて、
最近はいろんな切り口で
使われはじめています。

恋人に対して尽くしちゃうという意味で
「どMなんです」とか言うのも聞くし、
「仕事ではオレ相当Sだよ」とか言うのも聞きます。

結局、シチュエーションはさておき
世間では、自分じゃない相手を優先して動くのがM。
自分のために周りを動かすのがSという
認識ではないかと思います。

最初、なんとなく自分の周りにいる人は、
S度とM度が顕著に出てるなと思い
着眼していきました。

「トイレットペーパーがダブルじゃないなんて

ありえない！」とか言う人たちを見て
Sって「思い込み強いよなぁ」ってところから

( こだわり ) ←　👤　→ ( 許　容 )

で考えて、単純に
こだわりが強いはるちゃんはこのへん、
なっちゃんはこのへんと、

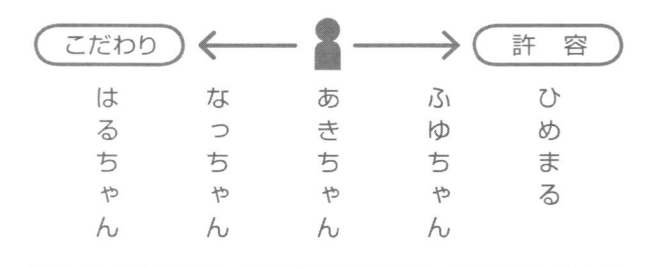

( こだわり ) ←　👤　→ ( 許　容 )

| はるちゃん | なっちゃん | あきちゃん | ふゆちゃん | ひめまる |

こんなふうに、
SからMへの度合いで見ていたんですが
ある日、「あれ？」と。
そういえばこだわりを外に出す人もいるけど
外に出さないタイプもいるな……と。
「エスニック料理、無理〜」って人なのに
人にはそう見えないようにしてるタイプ。
「いや、ぜんぜん平気よ」という感じで
空気読むみたいな。
考え方はSなのに行動はM。すると、

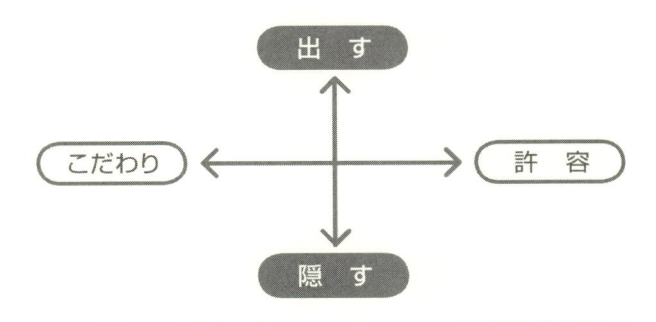

```
こだわり ←――― ♟ ―――→ 許容
              が
              
              出す
               ↑
こだわり ←―――┼―――→ 許容
               ↓
              隠す
```

と2次元になりました。

価値観のSとMと、行動のSとMの誕生。

性格が分類されておもしろいなと思って

この人営業向き〜とか

この人接客向き〜とか

分類して遊んでいました。

そしてふと、

そういえば恋人への態度と普段の行動が

人によってがらっと変わる人いるよなぁ、と気付いたんです。

職場では空気のごとく目立たないのに、

恋人には「太郎くん、その服変だからやめなよ」と
やたら自分のもの扱いな人とか。
行動はMなのに恋人にだけSな人のことを
考えていたら、

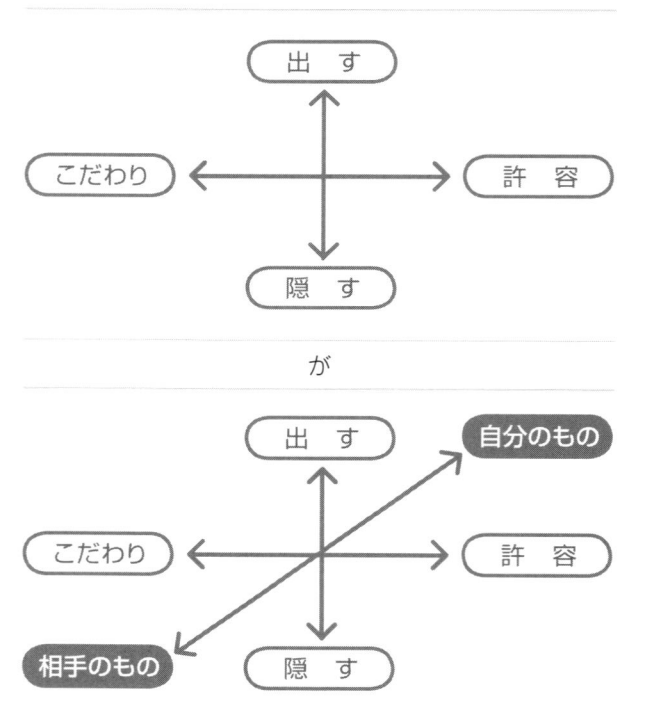

```
            ( 出 す )
               ↑
               │
( こだわり ) ←──┼──→ ( 許 容 )
               │
               ↓
            ( 隠 す )
```

が

```
            ( 出 す )     自分のもの
               ↑        ↗
               │      ↗
( こだわり ) ←──┼──→ ( 許 容 )
            ↙  │
         ↙     ↓
  相手のもの  ( 隠 す )
```

と3次元になりました。まさかの立体、3D。
座標軸にセクシャルのSとMが追加されました。
これに当てはめるとさらに
コミュニケーションのとり方や

身近な人への姿勢、
自分がどういうシチュエーションで
魅力を発揮するかなどがわかってきて
「超おもしろい！」と大興奮。
……あたしが。

ここはひとつ、自分で試してみて
そのあといろんな人を当てはめて
遊んでみてください。

# lesson 02 | 結果診断 じぶん成分座標

P046〜047のじぶん成分表に書き込んだ、「価値観」「行動」「セクシャル」のSとMの度合いを、座標A、B、Cに書いてみてください。それを線でつないでみると、それぞれの座標で面積の違いが出てきて、面積が大きいところからあなたの傾向が見えてきます。本当の自分をさぐってみましょう。

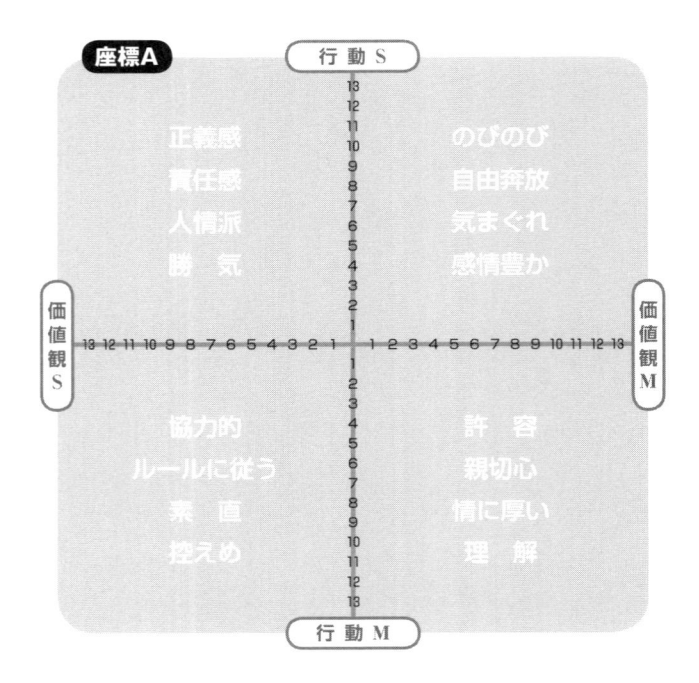

**座標A**

- 行動S軸(上): 1〜13
- 行動M軸(下): 1〜13
- 価値観S軸(左): 13〜1
- 価値観M軸(右): 1〜13

左上(価値観S・行動S): 正義感／責任感／人情派／勝気

右上(価値観M・行動S): のびのび／自由奔放／気まぐれ／感情豊か

左下(価値観S・行動M): 協力的／ルールに従う／素直／控えめ

右下(価値観M・行動M): 許容／親切心／情に厚い／理解

## 座標B

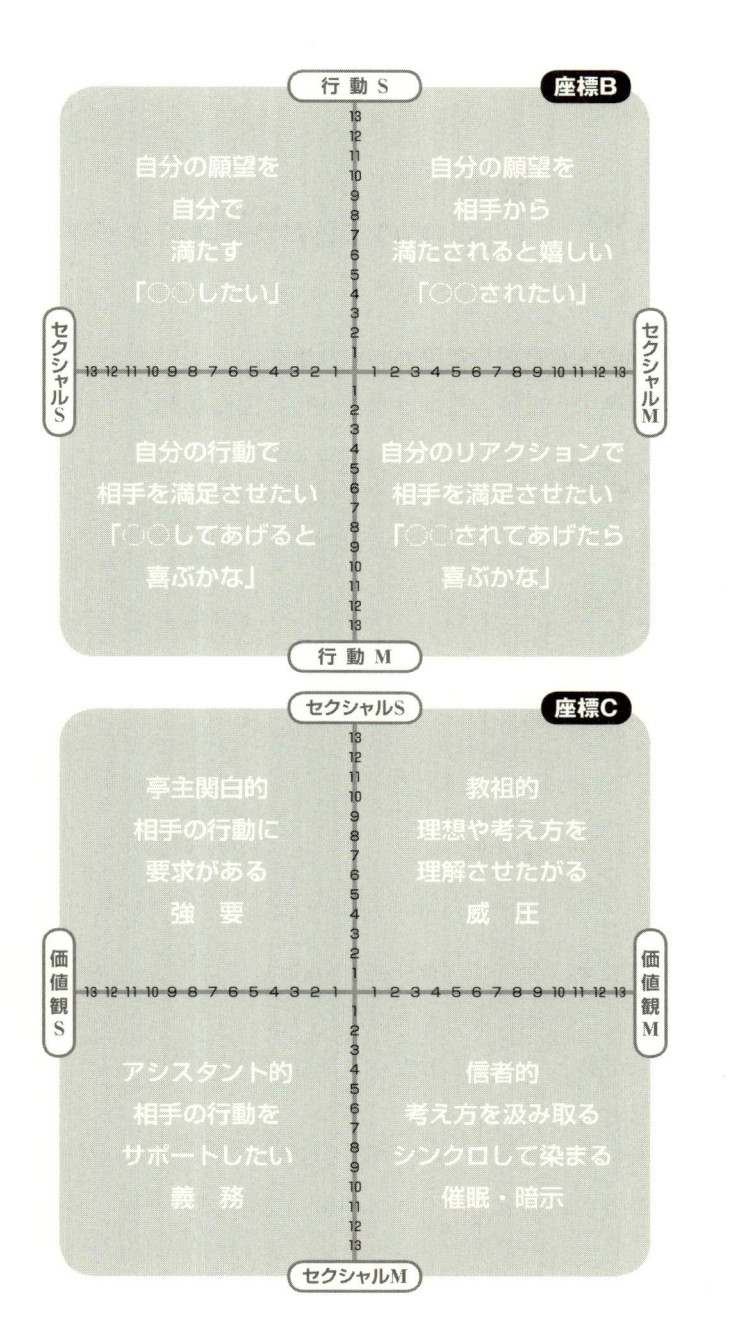

（行動 S）

**自分の願望を自分で満たす**
「○○したい」

**自分の願望を相手から満たされると嬉しい**
「○○されたい」

セクシャルS ←13 12 11 10 9 8 7 6 5 4 3 2 1 — 1 2 3 4 5 6 7 8 9 10 11 12 13→ セクシャルM

**自分の行動で相手を満足させたい**
「○○してあげると喜ぶかな」

**自分のリアクションで相手を満足させたい**
「○○されてあげたら喜ぶかな」

（行動 M）

## 座標C

（セクシャルS）

**亭主関白的**
相手の行動に
要求がある
強　要

**教祖的**
理想や考え方を
理解させたがる
威　圧

価値観S ←13 12 11 10 9 8 7 6 5 4 3 2 1 — 1 2 3 4 5 6 7 8 9 10 11 12 13→ 価値観M

**アシスタント的**
相手の行動を
サポートしたい
義　務

**信者的**
考え方を汲み取る
シンクロして染まる
催眠・暗示

（セクシャルM）

# lesson 03 | 性格
### ▶長いものに巻かれるあのタイプ

**座標Aは性格の種類がわかれます。**

面積の大きい部分があなたが持つ主な要素。

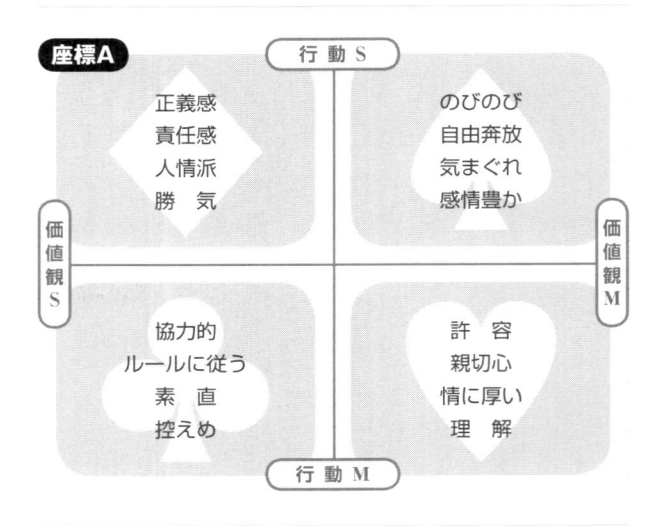

座標A

行動 S / 行動 M / 価値観 S / 価値観 M

- ◆（左上）：正義感　責任感　人情派　勝気
- ♠（右上）：のびのび　自由奔放　気まぐれ　感情豊か
- ♣（左下）：協力的　ルールに従う　素直　控えめ
- ♥（右下）：許容　親切心　情に厚い　理解

まず◆（ダイヤ）の性格。

ここの面積が大きい人は

価値観Sで社会を意識し、かつ行動Sで自分優先。

社会でのものさしで測りつつ

自分を上に持っていこうとします。

社会的に勝ち上がっていくタイプの人。

次に♣（クラブ）の面積が大きい場合。
価値観Sで社会を意識しつつ、
行動Mで周りを優先します。
社会でのものさしで測りつつ
自分を目立たないように目立たないように……。
長いものに巻かれるタイプの人ですね。

そして♠（スペード）。
価値観Mで個人個人を大事にし、
行動Sで自分優先。
個人はそれぞれだという認識で、
自分は自分の感情を出すっていう。
自分は自分、人は人って感覚で超自由です。

最後に♥（ハート）の性格。
価値観Mで個人を尊重し、行動Mで相手優先。
個人個人の価値観を大事にし
その場や一緒にいる相手の空気を読み、
それを最優先。
相手を大事にし包容力満載系です。

# lesson 04 | コミュニケーション
▶ サービスのS　満足のM

## 座標Bの偏りで
## コミュニケーションのとり方が見えてきます。

**座標B**

|  | 行動 S |  |
|---|---|---|
| セクシャルS | 自分の願望を<br>自分で<br>満たす<br>「○○したい」 | 自分の願望を<br>相手から<br>満たされると嬉しい<br>「○○されたい」 | セクシャルM |
|  | 自分の行動で<br>相手を満足させたい<br>「○○してあげると<br>喜ぶかな」 | 自分のリアクションで<br>相手を満足させたい<br>「○○されてあげたら<br>喜ぶかな」 |  |
|  | 行動 M |  |

まず♠の面積が大きい人の

コミュニケーションのとり方。

セクシャルSで所有型、行動Sで自分優先。

攻めの姿勢なうえに、自分のやりたいことが大事。

相手の欲しい欲しくないは問わずプレゼント。

あたしがあげたいんだから、という姿勢です。

◆の面積が大きいタイプは、
セクシャルMで従属型、かつ行動Sで感情優先。
受けのスタンスを守りつつも、
自分にとって楽しいことをやってほしいっていう。
若干めんどくさい。
基本受身の状態で、自分の気持ちを満たしてという
よく言われる満足のM的なタイプです。

♥の面積が大きい場合、
セクシャルSで身近な人を自分のもの扱いするわり
に行動Mで相手の状態を優先します。
あたしのものであるあなたを
あたしが喜ばせたいっていう、
よく言われるサービスのS的なタイプ。
自分の話したい話より相手の求める話を
シャカリキにします。

最後に♣のコミュニケーションタイプ。
セクシャルMで従属意識満載＆行動Mで相手優先。
相手がしてくれたことへの、リアクション命。
特別欲しいと思ってなかったものをもらっても
「ひ――嬉しい！（気持ちが）」みたいな感じ。

## lesson 05 | 人へのスタンス
▶できる秘書はきっとM

**座標Cは身近な人へのスタンスが表れます。**

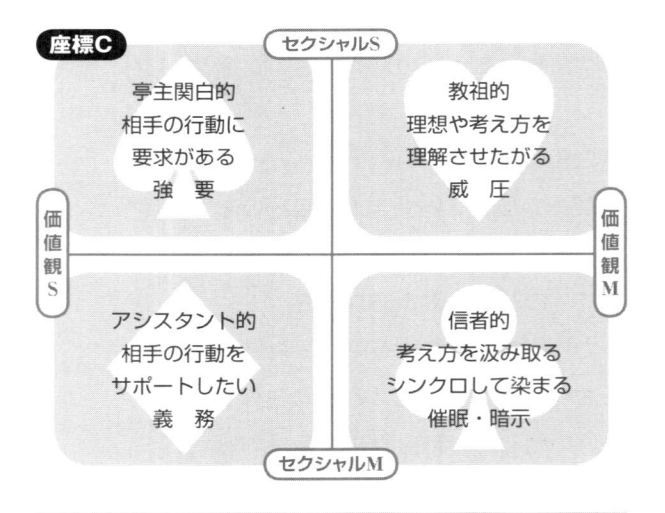

座標C

セクシャルS

亭主関白的
相手の行動に
要求がある
強　要

教祖的
理想や考え方を
理解させたがる
威　圧

価値観S

価値観M

アシスタント的
相手の行動を
サポートしたい
義　務

信者的
考え方を汲み取る
シンクロして染まる
催眠・暗示

セクシャルM

外意識の強い価値観Sは

一般的な常識のものさしで測るので

基本的に物質的でわかりやすい価値観です。

逆に内意識の強い価値観Mは個々を大事にするので

あり方だったり考え方だったり、精神的な価値観。

♠の面積が大きい人の身近な人へのスタンスは

価値観Sで、物質的にセクシャルSで自分のために

相手が動くって感じ。

なので物質的に相手に要求があります。

「あーのど渇いた」でお茶が出てくる魔法使い。

そして◆の面積が大きい人は価値観Sで

物質的にセクシャルMで相手のための行動。

要求を言われる前に

自分が気付いてあげられることに価値を置いてます。

「あ、襟が」「あ、寝癖が」と世話焼き。

で、♥は、価値観Mで精神面を大事にし、

セクシャルSで相手を自分扱い。

考え方や物事についての姿勢を語る、語る。

「こういう考え方をしろ」と脳みそから支配してやるというくらいの意気込みを感じます。

最後に♣の性格。

価値観Mで精神重視し、セクシャルMで相手色。

相手の価値観、理解。……のみならず染色されます。

「たしかにそうかも」と暗示にかかります。

| lesson 06 | ３Ｄ診断でわかること<br>面積＋偏り≒魅力 |

**座標がどの方向に偏っているかによって**
**性格、コミュニケーション、**
**身近な人へのスタンスがわかります。**

まぁ所詮「偏り」なので
「かっちりそういう性格です」というよりは
「その要素がかなり多いですよ」という感じ。
面積が広いところの性格を
持ち駒として多く持っているととらえてください。

自己中方面の性格が多め、とか
亭主関白方面のスタンスばっか、とか。

バランスが取れていると、いろんな持ち駒をシチュエーションごとに使いわけてる感じになります。
たまに三角形の人とかいます。
バランスわるっ、と思いますが
偏ってるほど特徴的で、
バランス取れてるほど安定しているだけで、

どちらがいいということではありません。
シンメトリーもアシンメトリーも
おしゃれおしゃれ。

なんでもそうですが、特徴はほかとの比較により
浮き彫りにされます。
なので、周りの人と比べてみてもおもしろいかも。

ところであたしは血液型がO型なんですが、
友人は圧倒的にAB型が多く、
好きになる男の人はA型が多いです。
そして、
**SM診断ではテラどMなんですが**
**友人に多いのは3歩下がるSとテラどS。**
あたしを受け入れてくれる性格にも
傾向があるらしい。

次は自分ひとりの中で
3つの座標を比較してみます。
これが結構おもしろいです。
自分の魅力がどんな時に発揮されているか
自分の中の3つの座標をチェック。

## 座標Aの特徴

# ▶自分ひとりでキラキラ

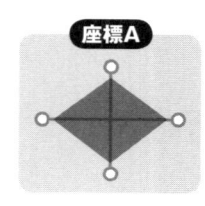

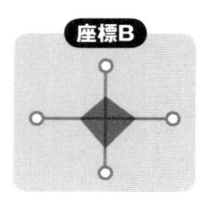

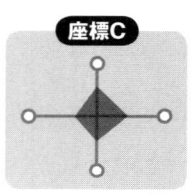

Aの座標の面積が3つの中で一番大きいタイプ。

Aの座標は個人の性格を表す座標ですが、

これが大きいと

**自分ひとりでも魅力を発揮できる人ってことです。**

自分　対　大衆　とか

自分　対　物　とか

自分をそのまま表現できる状況で

一番自分を発揮します。


だから、物を作ったり、みんなの前で公演したり

対大勢で先生みたいな仕事してる時、きらっきら。

このタイプが魅力を出すためには、自分自身を出せる環境を選ぶことをお勧めします。

いや、ひとりでも魅力が出るから

ひとりでいりゃいいんですが、

できれば人に魅力を伝えたいじゃない。

自分ひとりできらっきらでも、もったいないもん。

このタイプ、あたしの周りにいる人だと……、
▶陶芸家のあたしの父。
▶ライブをやってる歌手の友人。
▶パン作りや消しゴムはんこ作りが好きな友人。
▶美大卒の版画のクリエーター。
▶趣味がラテンダンスの友人やピアニストの友人。
▶楽器全般得意な気功師の友人。
趣味でやってる人も結構ハマりきって
「売れば？」とか「先生になれば？」
とかいうレベル。
向いてるんだろうなと思います。

そういえばこのタイプ、
若干コミュニケーション下手が多いかも。
うちの父、こっちが話の途中でも本人の用事がすめば、じゃあねも言わずに電話を切ります。
歌手の友人も、気付けば
家に引きこもって乾麺とかばかり食べてます。

でもいいの。
自分ひとりだけで魅力がある人なんだから。

## 座標Bの特徴

### ▶コミュニケーションが最大の武器

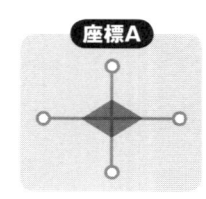

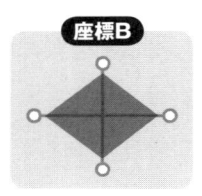

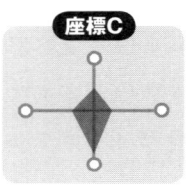

Bの座標の面積が3つの中で一番大きいタイプ。

Bの座標は、コミュニケーションの仕方を表す座標ですが、これが大きい人は、

**人とのやり取りで魅力を発揮できる人です。**

コミュニケーションとることで、ムクムクと魅力が出てくるので、

人とやり取りしてる時

相手が誰でも魅力を出せます。

だから、人としゃべってる時や、

ちょっとしたプレゼントをあげる時、

状態が外へ外へと向かってる時、

素敵すぎて超まぶしいはず。

とにかく人と接する機会を作るといいタイプです。

このタイプ、あたしの周りにいる人だと……、

▶エステの機械の営業で働いていた弟の彼女。
▶オーダー下着のサロンスタッフの友人全般。
▶夜のクラブで働いている友人全般。
▶とにかく華やかな接客業の友人に多い。
お話し上手やリアクション上手が
この座標が大きくなるのかも。

社交的でコミュニケーション上手なこのタイプは、
女性に多く見られます。
昔からコミュニティを守ってたのは
きっと女性のそういうところなんだろうなー
とか思います。
ほら、男の人たちが狩りに行ってる間とか
ご近所付き合いをするし。

だから営業とか接客とか、
新しい人と出会うようなお仕事に
この面積が広い人が多め。

広く浅くって感じもなきにしもあらずだけれど、
気にしない気にしない。

## 座標Cの特徴

### ▶長〜く愛して、スルメ女子

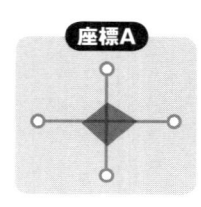

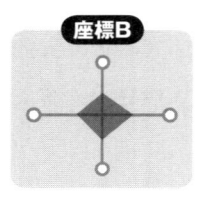

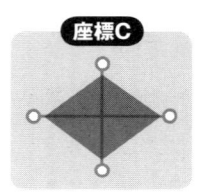

Cの座標の面積が3つの中で一番大きいタイプ。

Cの座標は長く一緒にいる相手との

スタンスを表す座標です。

これが大きい場合は、

**長く一緒にいると魅力が出てくる人ってことです。**

だから、家族といる時とか

仲よしの子と一緒にいる時、

恋人と向き合ってる時は

後光？　と思うぐらいの素敵っぷり。

このタイプが魅力を出すには、

長く一緒にいられる人を見つけるといいです。

身内とか仲間に最大限に魅力を発揮。

がしかし、新規の人には

その後光、まるっきり見えてません。

このタイプ、あたしの周りにいる人だと……、
▶下町生まれ、下町育ちの地元っ子友人。
▶恋人がいる時には活発なあたしの弟。
ちょっと少ないですね。

このタイプは考え方やこだわりを
近い相手と同化させる度合いが強い人。
「赤い糸　切れないように　かた結び」
みたいな詩を
冷蔵庫に貼っているような夫婦とか。
メアドに恋人の名前を入れたり、2人で似せたり。
「大学の授業も全部一緒のとろうね」みたいな。
「これ、おそろいで買ってきたよ」とかも。
「ニコイチ」的な感じでしょうか。
決まった相手といつも一緒にいたい人で、
そういう時に魅力が最大限に出るタイプ。

仲よしになればなるほど一番自分が出てくるタイプ
です。

## lesson 07 | 相性は磁石と一緒 S極M極

恋人にはA型が多く

友人にはAB型が多いあたしですが、

恋人にはべったりタイプが多く

友人には変わり者が多いです。

……ってことは、

A型ってべったりな人が多いってことでしょうか？

こんな感じで相性の傾向ってあったりします。

SでいさせてもらうにはMな相手がいいですし、

Mな状態でSがいないとぼんやりまったりします。

あたしはMな男性と出会うたびに言います。

「話は合うけどしっくり絡めないよね〜」と。

友達でもなんでもそうですが、

同じタイプは共感できるけど摩擦が起きない。

何かこう電気が通らない感覚があります。

磁石と一緒で、SとNだと電流が流れる的な。

**なので、基本的には**

**「価値観」「行動」「セクシャル」すべて
ＳとＭが相性がいいです。**

ただ、相性も着眼点。
物事を一緒にやる相手と、自分のペースを維持できる相手とでは、全然違います。

一緒に飲むには楽しいあの子も
仕事ではほら。
仕事だとメリハリになるあの彼も
恋愛対象には。
ね、相性ってどこで見るかだったりします。

**セクシャルのＳとＭでも恋愛の場合は、
反対のタイプが圧倒的に相性がいいです。**
所有意識と従属意識ががっちり。
しかし、友達の場合は同じタイプでも
まったく問題なし。

**行動のＳとＭでも
長くいるには反対のタイプがお勧めですが、
盛り上がるには同じタイプが基本相性がいいです。**

行動Sが行動Mと一緒にいると
Sはイライラ、Mはまごまご。
同じタイプのほうが気が合うことが多いです。
ただ、長く一緒にいるとお互いの性格を認めたうえ
で自分らしい自分でいるほうが楽チン。

**価値観のSとMの場合では**
**自分のタイプはさておき**
**価値観Sタイプとは短く濃い関係になりやすく、**
**価値観Mタイプだと長くゆったりとした関係に**
**なりやすいです。**

価値観Sは外意識で社会性重視なので、
利害のかかわるメリハリな感じ。
価値観Mは内意識なので、
個人を大事にする個人のペース。

もはや、相性のよしあしというより、
相性の違い。
特徴を知っているだけで
相手を理解しようとするので、許せる範囲が増え、
譲歩できる分相性はよくなります。

一緒に何かやる関係と、
自分が楽でいられる関係とでは、
相性も変わってきます。
自分以外の人も診断してみると、
相性や関係が見えてきておもしろいかもしれません。

## epilogue おわりに

いかがでした？　３Ｄ診断。
３種類のＳとＭの数値を当てはめると
自分のことがいろいろわかっちゃう
驚愕の座標。おもしろかった？

あたしはこの座標を考えていくたびに
「超おもしろい！」と思ってきたので
「このおもしろ部分はぜひともいろんな人に！」と
思い、多くの人に話してきました。

ＳとＭの話題はみんな好きで、
「好きなものから食べる？」とか聞いて
「わーＭだＭー！」と盛り上がるんです。

そして、テラどＳや見返りを求めるＭとかの
ＳＭタイプ８種類あたりまでは盛り上がりが持続。
しかしながら、
座標の話題になると「ふーん」みたいな。
あたし、「あれ？」みたいな。

いまいちキャッチーじゃないようです。
なにせ「座標」。しかもZ軸まであるっていう。

なんでもそうですが、複雑になっていくほど
前提の説明がいっぱい必要になります。
フィギュアスケートとかでも
ただ見て楽しんでるのに
「今のがトリプルルッツ！」とか言われても
「ふーん」ってなるのと一緒。
でも、1個1個を比べて
「アクセルジャンプは前向きに踏み切ります」とか
言ってもらえれば楽しめたりする感じ。

座標になるととたんに磁力が弱まる
あたしのロジックですが、
本になれば
すこしこの楽しさが伝わるかなぁなんて。
最初は苦かったビールが、
飲み続けていたら「おいしい！」みたいな。
そんな感じで「へーおもしろい」くらい伝わったら
あたしとしては、超うれしいな、と。
『じぶん研究所』やっぱいいね、と。

**おまけ**

# 誰かを診断
# 書き込み表

恋人、家族、お友達
気になるあの人を
成分表と座標を使って
診断しちゃおう

なまえ

### 質問 A P.040
| 13 | 12 | 11 | 10 | 9 | 8 | 7 | 6 | 5 | 4 | 3 | 2 | 1 |

### 質問 B P.041
| 1 | 2 | 3 | 4 | 5 | 6 | 7 | 8 | 9 | 10 | 11 | 12 | 13 |

Ⓢ 社会軸 ←　　価値観　　→ 個人軸 Ⓜ

### 質問 C P.042
| 13 | 12 | 11 | 10 | 9 | 8 | 7 | 6 | 5 | 4 | 3 | 2 | 1 |

### 質問 D P.043
| 1 | 2 | 3 | 4 | 5 | 6 | 7 | 8 | 9 | 10 | 11 | 12 | 13 |

Ⓢ 自分主義 ←　　行　動　　→ 相手主義 Ⓜ

### 質問 E P.044
| 13 | 12 | 11 | 10 | 9 | 8 | 7 | 6 | 5 | 4 | 3 | 2 | 1 |

### 質問 F P.045
| 1 | 2 | 3 | 4 | 5 | 6 | 7 | 8 | 9 | 10 | 11 | 12 | 13 |

Ⓢ 所有意識 ←　　セクシャル　　→ 従属意識 Ⓜ

キリトリ線

### 座標A

行動 S

正義感　　　　　のびのび
責任感　　　　　自由奔放
人情派　　　　　気まぐれ
勝気　　　　　　感情豊か

価値観 S ←13 12 11 10 9 8 7 6 5 4 3 2 1 ／ 1 2 3 4 5 6 7 8 9 10 11 12 13→ 価値観 M

協力的　　　　　許容
ルールに従う　　親切心
素直　　　　　　情に厚い
控えめ　　　　　理解

行動 M

## 座標B

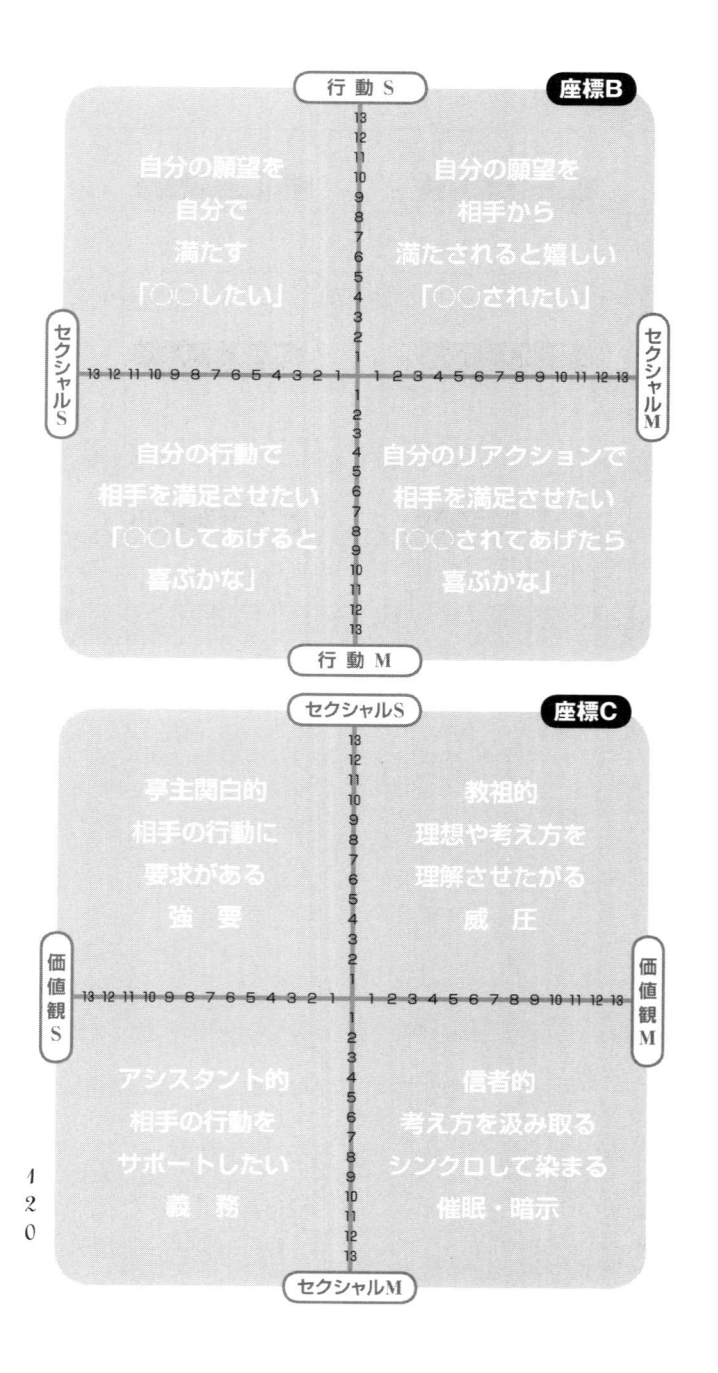

行動 S

セクシャルS ― セクシャルM

- 自分の願望を自分で満たす「○○したい」
- 自分の願望を相手から満たされると嬉しい「○○されたい」
- 自分の行動で相手を満足させたい「○○してあげると喜ぶかな」
- 自分のリアクションで相手を満足させたい「○○されてあげたら喜ぶかな」

行動 M

## 座標C

セクシャルS

価値観S ― 価値観M

- 亭主関白的
  相手の行動に要求がある
  強要
- 教祖的
  理想や考え方を理解させたがる
  威圧
- アシスタント的
  相手の行動をサポートしたい
  義務
- 信者的
  考え方を汲み取る
  シンクロして染まる
  催眠・暗示

セクシャルM

キリトリ線

120

なまえ

### 質問 A P.040
| 13 | 12 | 11 | 10 | 9 | 8 | 7 | 6 | 5 | 4 | 3 | 2 | 1 |

### 質問 B P.041
| 1 | 2 | 3 | 4 | 5 | 6 | 7 | 8 | 9 | 10 | 11 | 12 | 13 |

**S** 社会軸 ← 価値観 → 個人軸 **M**

### 質問 C P.042
| 13 | 12 | 11 | 10 | 9 | 8 | 7 | 6 | 5 | 4 | 3 | 2 | 1 |

### 質問 D P.043
| 1 | 2 | 3 | 4 | 5 | 6 | 7 | 8 | 9 | 10 | 11 | 12 | 13 |

**S** 自分主義 ← 行　動 → 相手主義 **M**

### 質問 E P.044
| 13 | 12 | 11 | 10 | 9 | 8 | 7 | 6 | 5 | 4 | 3 | 2 | 1 |

### 質問 F P.045
| 1 | 2 | 3 | 4 | 5 | 6 | 7 | 8 | 9 | 10 | 11 | 12 | 13 |

**S** 所有意識 ← セクシャル → 従属意識 **M**

キリトリ線

### 座標A

行動 S

正義感　　　　　のびのび
責任感　　　　　自由奔放
人情派　　　　　気まぐれ
勝　気　　　　　感情豊か

価値観 S　13 12 11 10 9 8 7 6 5 4 3 2 1 ― 1 2 3 4 5 6 7 8 9 10 11 12 13　価値観 M

協力的　　　　　許　容
ルールに従う　　親切心
素　直　　　　　情に厚い
控えめ　　　　　理　解

行動 M

## 座標B

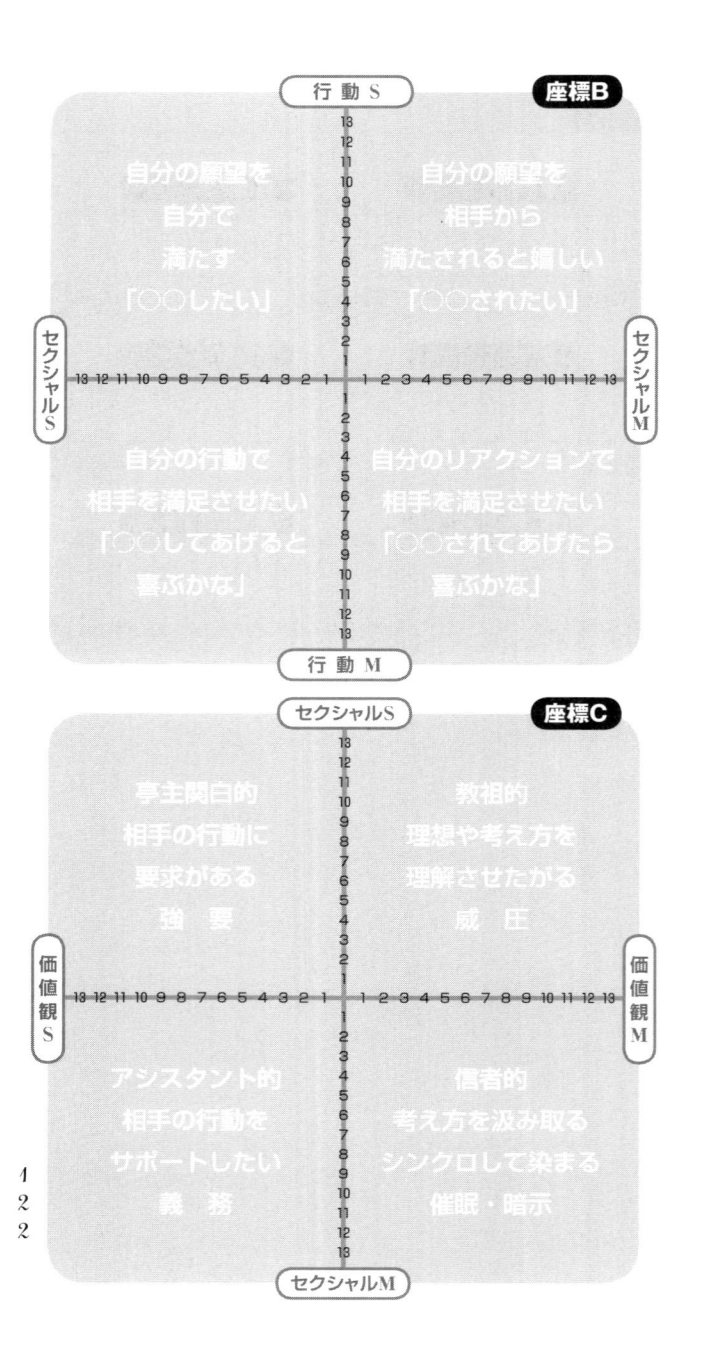

行動S

自分の願望を
自分で
満たす
「○○したい」

自分の願望を
相手から
満たされると嬉しい
「○○されたい」

セクシャルS ── -13 -12 -11 -10 -9 -8 -7 -6 -5 -4 -3 -2 -1 ｜ 1 2 3 4 5 6 7 8 9 10 11 12 13 ── セクシャルM

自分の行動で
相手を満足させたい
「○○してあげると
喜ぶかな」

自分のリアクションで
相手を満足させたい
「○○されてあげたら
喜ぶかな」

行動M

## 座標C

セクシャルS

亭主関白的
相手の行動に
要求がある
強要

教祖的
理想や考え方を
理解させたがる
威圧

価値観S ── -13 -12 -11 -10 -9 -8 -7 -6 -5 -4 -3 -2 -1 ｜ 1 2 3 4 5 6 7 8 9 10 11 12 13 ── 価値観M

アシスタント的
相手の行動を
サポートしたい
義務

信者的
考え方を汲み取る
シンクロして染まる
催眠・暗示

セクシャルM

キリトリ線

なまえ

### 質問 A P.040 / 質問 B P.041
| 13 | 12 | 11 | 10 | 9 | 8 | 7 | 6 | 5 | 4 | 3 | 2 | 1 | 1 | 2 | 3 | 4 | 5 | 6 | 7 | 8 | 9 | 10 | 11 | 12 | 13 |

**S** 社会軸 ← **価値観** → 個人軸 **M**

### 質問 C P.042 / 質問 D P.043
| 13 | 12 | 11 | 10 | 9 | 8 | 7 | 6 | 5 | 4 | 3 | 2 | 1 | 1 | 2 | 3 | 4 | 5 | 6 | 7 | 8 | 9 | 10 | 11 | 12 | 13 |

**S** 自分主義 ← **行　動** → 相手主義 **M**

### 質問 E P.044 / 質問 F P.045
| 13 | 12 | 11 | 10 | 9 | 8 | 7 | 6 | 5 | 4 | 3 | 2 | 1 | 1 | 2 | 3 | 4 | 5 | 6 | 7 | 8 | 9 | 10 | 11 | 12 | 13 |

**S** 所有意識 ← **セクシャル** → 従属意識 **M**

キリトリ線

### 座標A

行動 S

| 価値観S側 | 価値観M側 |
|---|---|
| 正義感 | のびのび |
| 責任感 | 自由奔放 |
| 人情派 | 気まぐれ |
| 勝気 | 感情豊か |

価値観 S ← 13 12 11 10 9 8 7 6 5 4 3 2 1 ｜ 1 2 3 4 5 6 7 8 9 10 11 12 13 → 価値観 M

| 価値観S側 | 価値観M側 |
|---|---|
| 協力的 | 許容 |
| ルールに従う | 親切心 |
| 素直 | 情に厚い |
| 控えめ | 理解 |

行動 M

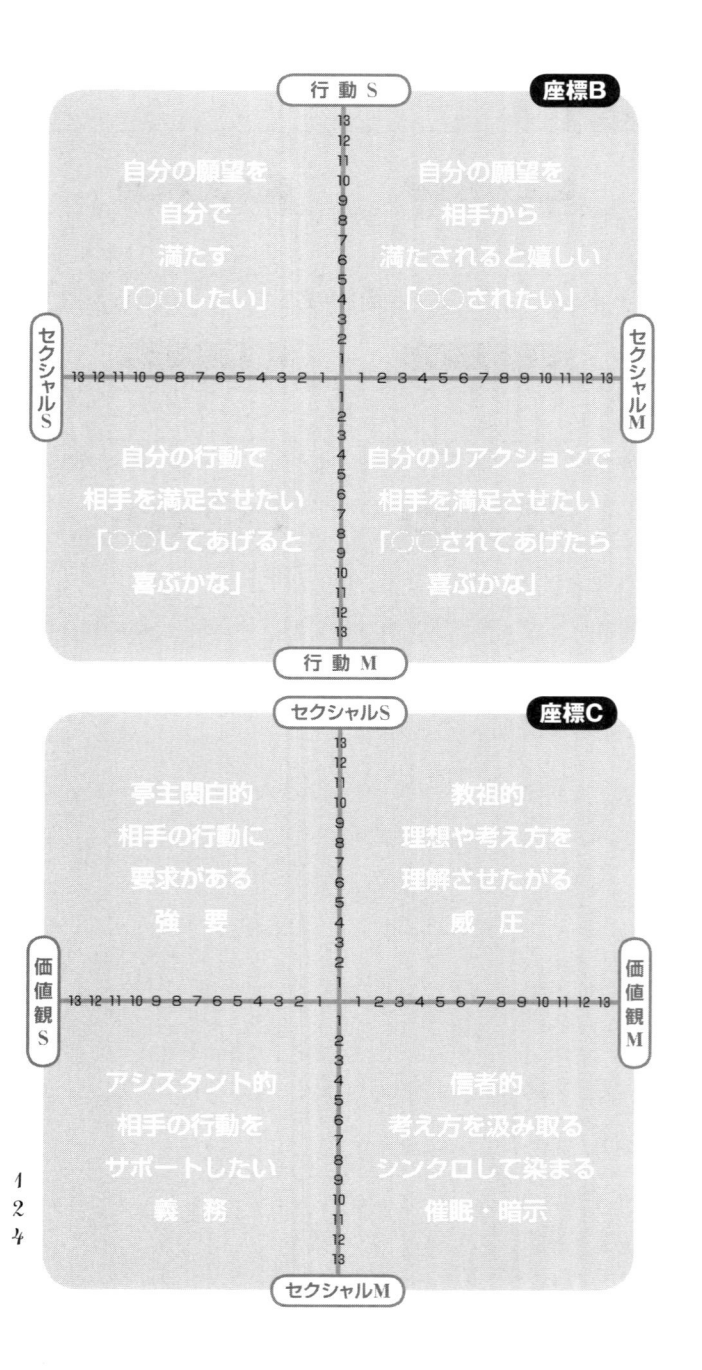

## 座標B

行動 S

**自分の願望を自分で満たす**
「○○したい」

**自分の願望を相手から満たされると嬉しい**
「○○されたい」

セクシャルS ― セクシャルM

**自分の行動で相手を満足させたい**
「○○してあげると喜ぶかな」

**自分のリアクションで相手を満足させたい**
「○○されてあげたら喜ぶかな」

行動 M

## 座標C

セクシャルS

**亭主関白的**
相手の行動に要求がある
強要

**教祖的**
理想や考え方を理解させたがる
威圧

価値観S ― 価値観M

**アシスタント的**
相手の行動をサポートしたい
義務

**信者的**
考え方を汲み取る
シンクロして染まる
催眠・暗示

セクシャルM

キリトリ線

なまえ

### 質問 A P.040 / 質問 B P.041

| 13 | 12 | 11 | 10 | 9 | 8 | 7 | 6 | 5 | 4 | 3 | 2 | 1 | 1 | 2 | 3 | 4 | 5 | 6 | 7 | 8 | 9 | 10 | 11 | 12 | 13 |

Ⓢ 社会軸 ← **価値観** → 個人軸 Ⓜ

### 質問 C P.042 / 質問 D P.043

| 13 | 12 | 11 | 10 | 9 | 8 | 7 | 6 | 5 | 4 | 3 | 2 | 1 | 1 | 2 | 3 | 4 | 5 | 6 | 7 | 8 | 9 | 10 | 11 | 12 | 13 |

Ⓢ 自分主義 ← **行　動** → 相手主義 Ⓜ

### 質問 E P.044 / 質問 F P.045

| 13 | 12 | 11 | 10 | 9 | 8 | 7 | 6 | 5 | 4 | 3 | 2 | 1 | 1 | 2 | 3 | 4 | 5 | 6 | 7 | 8 | 9 | 10 | 11 | 12 | 13 |

Ⓢ 所有意識 ← **セクシャル** → 従属意識 Ⓜ

キリトリ線

### 座標A

行動 S

正義感　　　　のびのび
責任感　　　　自由奔放
人情派　　　　気まぐれ
勝　気　　　　感情豊か

価値観 S ←13 12 11 10 9 8 7 6 5 4 3 2 1　1 2 3 4 5 6 7 8 9 10 11 12 13→ 価値観 M

協力的　　　　　許　容
ルールに従う　　親切心
素　直　　　　情に厚い
控えめ　　　　　理　解

行動 M

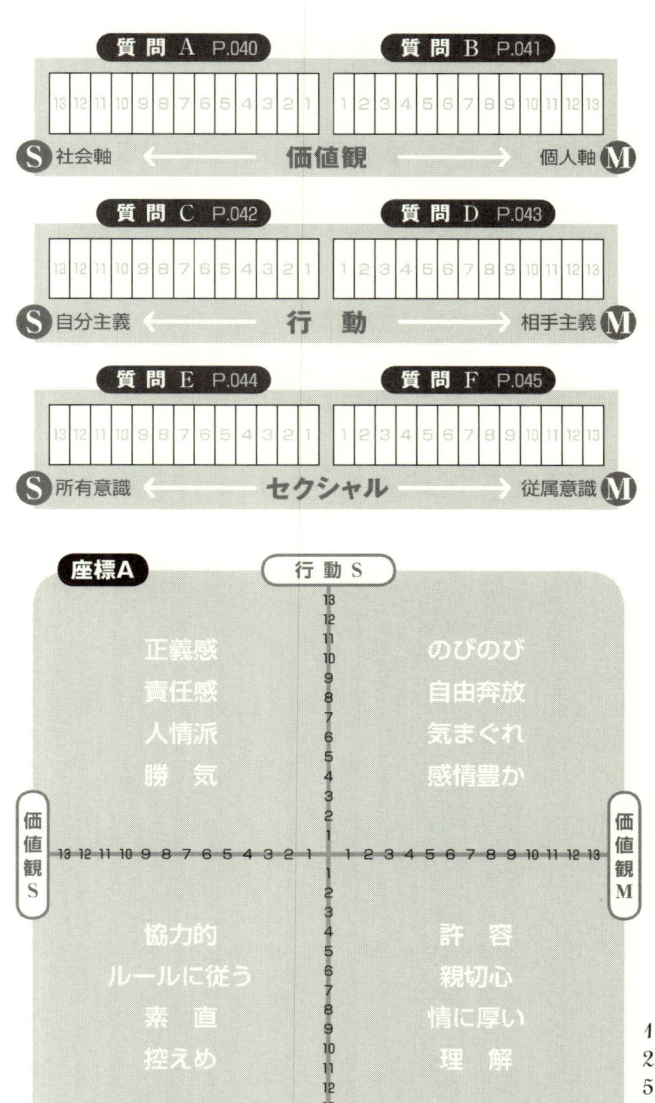

## 座標B

行動 S

自分の願望を
自分で
満たす
「○○したい」

自分の願望を
相手から
満たされると嬉しい
「○○されたい」

セクシャルS ── -13 -12 -11 -10 -9 -8 -7 -6 -5 -4 -3 -2 -1 ｜ 1 2 3 4 5 6 7 8 9 10 11 12 13 ── セクシャルM

自分の行動で
相手を満足させたい
「○○してあげると
喜ぶかな」

自分のリアクションで
相手を満足させたい
「○○されてあげたら
喜ぶかな」

行動 M

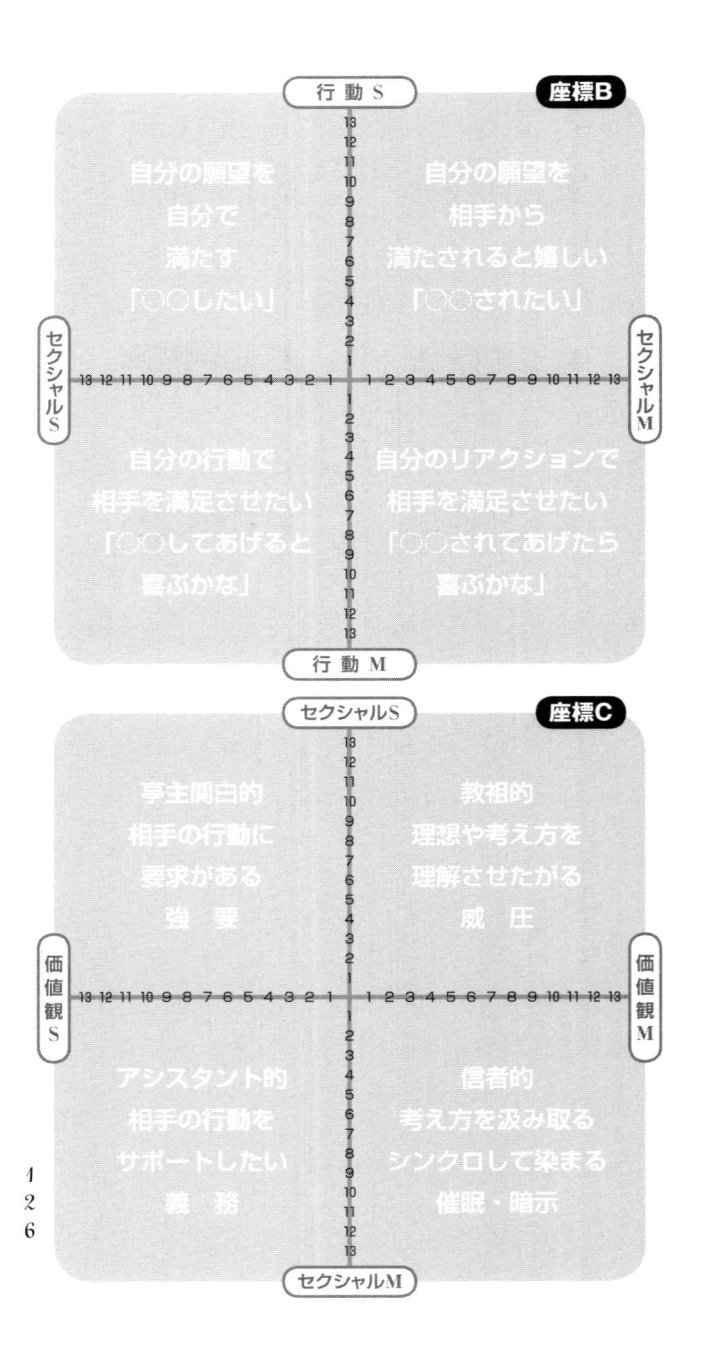

## 座標C

セクシャルS

亭主関白的
相手の行動に
要求がある
強　要

教祖的
理想や考え方を
理解させたがる
威　圧

価値観S ── -13 -12 -11 -10 -9 -8 -7 -6 -5 -4 -3 -2 -1 ｜ 1 2 3 4 5 6 7 8 9 10 11 12 13 ── 価値観M

アシスタント的
相手の行動を
サポートしたい
義　務

信者的
考え方を汲み取る
シンクロして染まる
催眠・暗示

セクシャルM

キリトリ線

### 著者プロフィール
### ひめまる

陶芸家の両親のもと、大自然の山奥で天真爛漫に育つ。アメリカ、ドイツでの生活を経て接客業などの仕事をするうちに、人間分析に拍車がかかり、SとMという観点から行動や価値観を分析するようになる。
2009年に刊行した『SとMの恋愛法則』(文芸社)は、女性誌で話題になり、中国語版も発売された。また、ケータイアプリ「SM診断」(RU)もテレビや雑誌で取り上げられ、ランキング上位に位置している。

---

### じぶん研究所　SとMの法則

2011年2月25日　初版第1刷発行

著　者　ひめまる
発行者　瓜谷 綱延
発行所　株式会社文芸社
　　　　〒160-0022　東京都新宿区新宿1-10-1
　　　　　　　　　電話 03-5369-3060（編集）
　　　　　　　　　　　03-5369-2299（販売）

印刷所　日経印刷株式会社

©Himemaru 2011 Printed in Japan
乱丁本・落丁本はお手数ですが小社販売部宛にお送りください。
送料小社負担にてお取り替えいたします。
ISBN 978-4-286-10306-8